Schöningh
westermann

EinFach Deutsch

Friedrich Schiller

Die Räuber

... verstehen

Erarbeitet von
Matthias Ehm
Bettina Mim

Herausgegeben von
Johannes Diekhans
Michael Völkl

Bildnachweis

|bpk-Bildagentur, Berlin: 59, 65, 67, 68. |Declair, Arno, Berlin: 31. |Interfoto, München: Sammlung Rauch 72. |Luisenburg-Festspiele, Wunsiedel: Foto: Bessermann 49. |Picture-Alliance GmbH, Frankfurt/M.: 26. |Schäfer, Heiko, Düsseldorf: 17, 19, 30, 33. |ullstein bild, Berlin: Süddeutsche Zeitung Photo / Scherl 73.

westermann GRUPPE

Westermann Schroedel Diesterweg Schöningh Winklers GmbH,
Georg-Westermann-Allee 66, 38104 Braunschweig
www.westermann.de

Druck A[4] / Jahr 2022
Alle Drucke der Serie A sind im Unterricht parallel verwendbar.

Umschlaggestaltung: Nora Krull, Hamburg
Umschlagbild: © Braun/drama-berlin.de
Druck und Bindung: Westermann Druck Zwickau GmbH,
Crimmitschauer Straße 43, 08058 Zwickau

ISBN 978-3-14-**022539**-7

Inhaltsverzeichnis

An die Leserin und den Leser

Liebe Leserin, lieber Leser,

über die Uraufführung des Dramas „Die Räuber" im Januar 1782 in Mannheim heißt es:
„Das Theater glich einem Irrenhause, rollende Augen, geballte Fäuste, stampfende Füße, heisere Aufschreie im Zuschauerraum! Fremde Menschen fielen einander schluchzend in die Arme, Frauen wankten, einer Ohnmacht nahe, zur Tür. Es war eine allgemeine Auflösung wie im Chaos, aus dessen Nebeln eine neue Schöpfung hervorbricht."[1]

Solche Zuschauerreaktionen kennt man heute von Konzerten bekannter Rock- und Popstars. Der zeitgenössische Bericht macht die Ergriffenheit und Empörung der Theaterbesucher spürbar. Schon Ende des 18. Jahrhunderts scheint Theater nicht nur der Unterhaltung gedient zu haben, sondern auch der Äußerung von Kritik an den bestehenden Verhältnissen. Und der Dichter als „Schöpfer" einer neuen Ordnung wurde zur öffentlichen Figur, nach heutigen Begriffen: zum Star. Das trifft besonders auf den jungen Schiller zu, den sein Debüt „Die Räuber" in ganz Deutschland bekannt machte.
Was waren die Gründe seines damaligen Erfolges? Sicherlich spielte die außergewöhnliche Personenkonstellation eine Rolle: hier der einnehmende und idealistische, aber leicht kränkbare und anmaßende Abenteurer Karl, dort sein jüngerer Bruder Franz, ein Stubenhocker mit Komplexen und zugleich ein kalter und berechnender Denker, der mit allen Mitteln nach Macht strebt. Der Generationenkonflikt dürfte die Zuschauer angesprochen haben, ebenso

---

[1] Pichler, Anton: Chronik des Großherzoglichen Hof- und Nationaltheaters in Mannheim, Mannheim 1879, S. 67f., zitiert nach: Grave, Christian: Friedrich Schiller. Die Räuber. Erläuterungen und Dokumente. Stuttgart 2009, S. 171

wie die ausdrucksstarke Sprache, die „actionreiche" Handlung und das Räuberleben als Gegenbild zur engen bürgerlichen Welt. Zudem war das Publikum sicherlich für die Kritik an den herrschenden sozialen und politischen Missständen empfänglich.
Die äußere Handlung mit Intrigen, Wortduellen und eindrucksvollen Massenszenen schlägt den Leser noch heute in den Bann, das Motiv der ungleichen und doch ähnlichen Brüder bleibt faszinierend. Bis zu einem gewissen Punkt können sich gerade junge Leser mit Franz identifizieren, der sich gegen die Benachteiligung durch den Vater, die Natur und die Erbfolge wehrt; ebenso mit Karl, der sich eingeengt fühlt von den gesellschaftlichen Normen und dagegen rebelliert. Jugendliche betrifft ferner, dass der Werdegang der beiden Brüder von Schiller als ein Produkt väterlichen Erziehungsversagens hingestellt wird, weil sie diese Problematik auf ihre eigene familiäre Situation beziehen können.
Lesenswert ist das Stück vor allem wegen seiner inhaltlichen Kernfrage: Wie weit darf der Mensch in seinem Streben nach Selbstverwirklichung gehen? Denn weder der Idealist Karl noch der Rationalist Franz können Kompromisse schließen und sich einordnen – mit katastrophalen Folgen. Beide verkörpern radikale Weltbilder, die einander völlig entgegengesetzt sind. Damit geben sie dem Leser Anstöße, über die eigene Position nachzudenken. Anhand der Figur Franz Moor stellt Schiller die Frage nach den Grenzen der „vernünftigen" Aufklärung, die doch emanzipatorisch wirken und für Fortschritt sorgen sollte. Am Beispiel seines Bruders Karl zeigt sich, wie ein Mensch, der auf seine Individualität pocht, in Konflikt mit einer überkommenen Herrschaftsordnung geraten kann, die seine Bedürfnisse missachtet. Deutlich wird, wie schwierig es für den Einzelnen ist, erkennbare Veränderungen zu erreichen, und wie leicht der Protestierende „übers Ziel hinaus-

schießt" und sich damit ins Unrecht setzt – ein weiterer Grund, das Drama gerade jungen Lesern zu empfehlen.
Der vorliegende Band aus der Reihe „EinFach Deutsch ... verstehen" möchte Ihnen helfen, die wesentlichen Inhalte des Dramas zu erschließen und die wichtigsten Charakteristika der auftretenden Figuren kennenzulernen. Auf Grundlage dessen werden Ihnen Zugänge zur Interpretation des Dramentextes gezeigt. Ergänzend und vertiefend werden die biografischen, zeitgeschichtlichen und kunsttheoretischen Hintergründe auf anschauliche und kompakte Weise vermittelt. Damit Sie sich gezielt auf Prüfungen vorbereiten können, werden textanalytische Verfahren sowie die Charakterisierung von literarischen Figuren als Aufgabenformen erarbeitet. Mithilfe von übersichtlichen und einprägsamen Schaubildern können Sie die wichtigsten Aspekte vom Drama „Die Räuber" wiederholen.

Viel Freude beim Lesen, Nachdenken und Verstehen wünschen

Matthias Ehm, Bettina Mim

Der Inhalt im Überblick

Das Drama spielt im Deutschland des 18. Jahrhunderts. Hauptfiguren sind die beiden ungleichen Brüder Karl und Franz, Söhne des alten Grafen Maximilian von Moor. Er bevorzugt den älteren, erbberechtigten Karl wegen seiner Begabungen, seines Temperaments und seiner menschlichen Wärme. Dagegen lehnt er den jüngeren Sohn Franz, der ein kalter Denker ist, ab. Während dieser auf den heimischen Gütern bleibt, studiert Karl in Sachsen, wo er eine Gruppe junger Leute um sich versammelt, die gegen die gesellschaftlichen Konventionen aufbegehrt. Als sein ausschweifender Lebenswandel zu hohen Schulden führt, schreibt Karl einen Brief an den Vater, in dem er um Verzeihung bittet. Der intrigante Franz sieht nun die Chance, Karl beim Vater in Missgunst zu bringen. Dazu präsentiert er dem Vater einen gefälschten Brief, in dem Karls Lebenswandel völlig überzeichnet dargestellt wird. Dadurch kann er den Vater dazu bewegen, Karl zu enterben. Sein Versuch, Karls Jugendliebe Amalia für sich zu gewinnen, scheitert dagegen, weil diese sich dem geliebten Karl auf ewig verbunden fühlt. Später führt Franz mit der Nachricht vom angeblichen Tod Karls einen Zusammenbruch seines Vaters herbei, der für tot erklärt und in ein Verlies geworfen wird. Somit kann Franz dessen Nachfolge antreten.

Die Ablehnung durch den Vater lässt Karl indessen an der Gerechtigkeit der Weltordnung zweifeln, sodass er das Angebot einiger Kameraden, Anführer einer Räuberbande zu werden, annimmt. Deren Mitgliedern schwört er ewige Treue. Sein Wunsch, auf diese Weise für soziale Gerechtigkeit zu sorgen, erfüllt sich jedoch nicht, denn neben Vertretern der korrupten Obrigkeit werden auch Unschuldige Opfer der Bande. Deswegen zweifelt er am eingeschlagenen Weg und beschließt, seinen Vater und Amalia aufzusuchen. Zwar erkennt Amalia den inkognito auftretenden

Geliebten zunächst nicht, aber sie verspürt eine tiefe Zuneigung, während Karls Liebe sich erneuert. Schneller als Amalia entdeckt Franz die Identität des Fremden, doch sein Attentatsplan auf den Bruder scheitert. Als Karl den nahezu verhungerten Vater entdeckt, beschließt er, Rache an Franz zu nehmen. Im Angesicht der nahenden Räuberbande begeht Franz Selbstmord. Am Ende gibt Karl seinem Vater und Amalia seine Identität preis. Dies führt zum Tod des Vaters, der nicht ertragen kann, dass sein einstiger Lieblingssohn zum Verbrecher geworden ist. Karls Hoffnung, mit Amalia ein neues Leben beginnen zu können, zerschlägt sich indes, weil die Räuber auf seinem geleisteten Schwur beharren. Karl tötet daraufhin die Geliebte und stellt sich der Gerichtsbarkeit.

Die Personenkonstellation

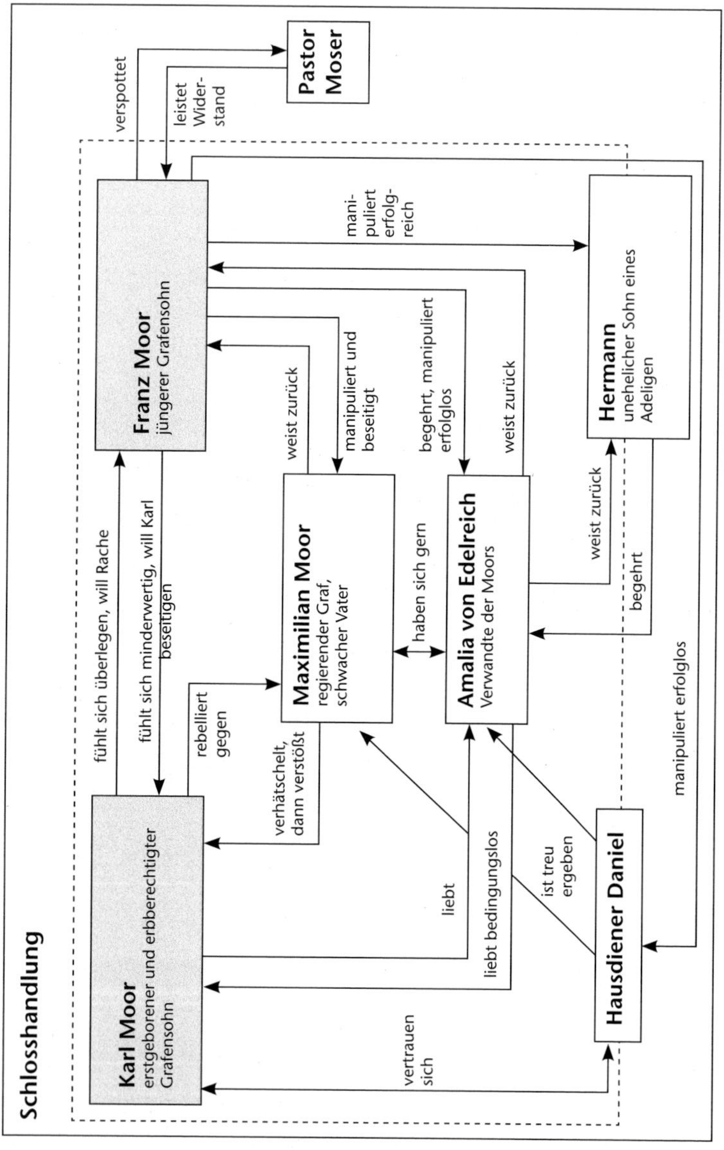

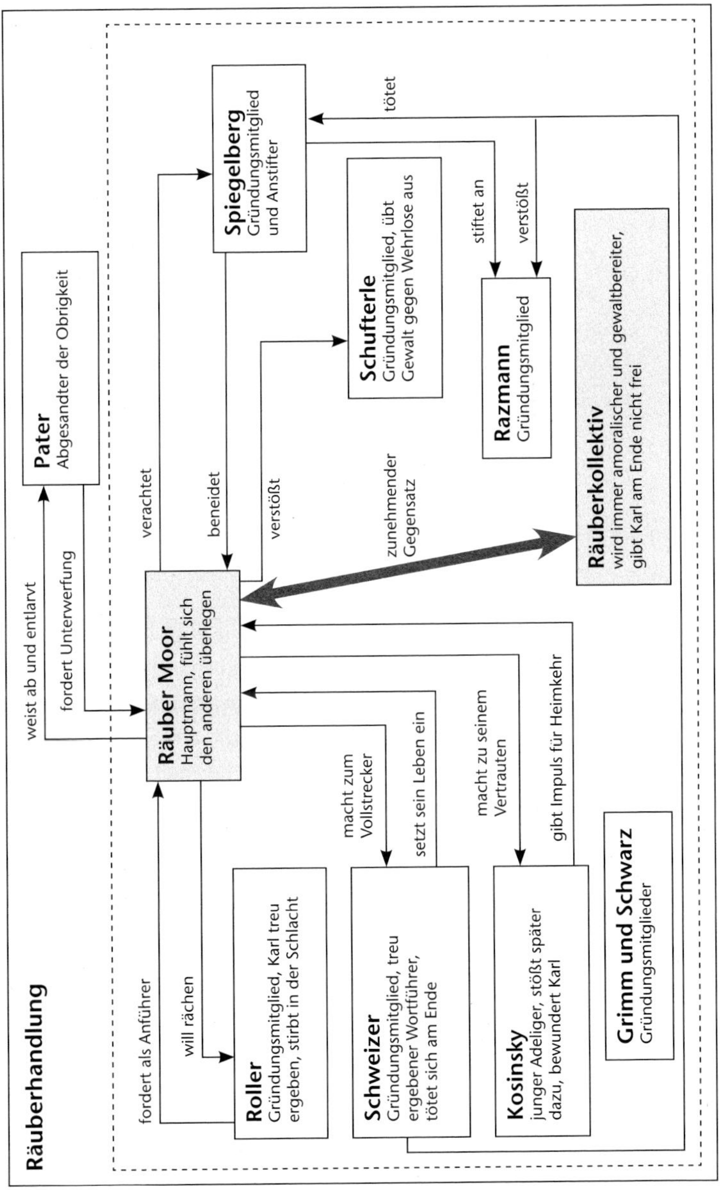
Räuberhandlung
Pater
Abgesandter der Obrigkeit
weist ab und entlarvt
fordert Unterwerfung
Räuber Moor
Hauptmann, fühlt sich den anderen überlegen
verachtet
beneidet
verstößt
Spiegelberg
Gründungsmitglied und Anstifter
tötet
Schufterle
Gründungsmitglied, übt Gewalt gegen Wehrlose aus
stiftet an
verstößt
Razmann
Gründungsmitglied
zunehmender Gegensatz
Räuberkollektiv
wird immer amoralischer und gewaltbereiter, gibt Karl am Ende nicht frei
fordert als Anführer
will rächen
Roller
Gründungsmitglied, Karl treu ergeben, stirbt in der Schlacht
macht zum Vollstrecker
setzt sein Leben ein
Schweizer
Gründungsmitglied, treu ergebener Wortführer, tötet sich am Ende
macht zu seinem Vertrauten
gibt Impuls für Heimkehr
Kosinsky
junger Adeliger, stößt später dazu, bewundert Karl
Grimm und Schwarz
Gründungsmitglieder

Inhalt, Aufbau und erste Deutungsansätze

Erster Akt

Erste Szene

Franz' Intrige gegen seinen Bruder

Handlungsort der ersten Szene ist das Schloss des Grafen Maximilian von Moor, auf dem seine Söhne Karl und Franz aufgewachsen sind. Um den Vater gegen seinen Lieblingssohn Karl aufzubringen und das väterliche Erbe an sich zu reißen, hat sich der zweitgeborene Franz einen perfiden Plan ausgedacht: Nachdem er einen Brief seines Bruders an den Vater abgefangen hat, jubelt er diesem einen gefälschten Brief unter, der angeblich Nachrichten eines Leipziger Bekannten über den dort studierenden Karl enthält. Karl wird darin als verkommen und kriminell dargestellt. Um die Spannung zu steigern, heuchelt Franz zunächst Sorge um den Gesundheitszustand des Vaters, weswegen er diesem den Inhalt des Briefes nicht zumuten könne. Außerdem empfinde er Mitleid mit dem „verlornen Bruder" (S. 7, Z. 22)[1] Karl – eine erste von mehreren Anspielungen auf das biblische Gleichnis vom verlorenen Sohn.[2]

Der Vater besteht jedoch darauf, den Inhalt des Briefes zu erfahren, auch wenn er betont, dass jede schlechte Nachricht von seinem Erstgeborenen ihn „einen Schritt näher ans Grab" (S. 7, Z. 31) bringe. Dessen Schicksal liege auch in seinem eigenen Versagen begründet („Die Sünden seiner Väter werden heimgesucht im dritten und vierten Glied", S. 8, Z. 3 f.).

Karls angebliche Schandtaten

Dem Verfasser des Briefes zufolge ist Karl hoch verschuldet und hat alle nur vorstellbaren Schandtaten begangen, dar-

---

[1] Sämtliche Stellenangaben beziehen sich auf die im Literaturverzeichnis angeführte Textausgabe des Schöningh Verlags.

[2] Vgl. Kapitel „Hintergründe", S. 70 f.

unter Unzucht und Totschlag. Er befinde sich auf der Flucht vor der Justiz und auf seinen Kopf sei eine Belohnung ausgesetzt. Schließlich zerreißt Franz den Brief in einer dramatischen Geste, angeblich um den Vater zu schonen. Der alte Moor ist sichtlich erschüttert darüber, wie sein Erstgeborener den Namen der Familie in den Schmutz gezogen haben soll.

Franz' Rückblick auf Karls Jugend

Im Folgenden heuchelt Franz Liebe zu Karl, betont aber, dass dessen Werdegang schon aufgrund seines Verhaltens als Jugendlicher zu erahnen gewesen sei. So sei er hinter den Mädchen hergewesen und habe sich mit „elendem Gesindel" (S. 9, Z. 15 f.) abgegeben. Sein Taschengeld habe er Bettlern gegeben, sich nie für die Religion interessiert und stattdessen lieber Abenteuer- und Heldengeschichten von „stockfinstere[n] Heiden" (S. 9, Z. 22 f.) wie Julius Cäsar gelesen.

Kritik am ungerechten Erziehungsstil des Vaters

Franz rechnet im Anschluss mit dem Erziehungsstil seines Vaters ab. Der Vater habe seinen älteren Sohn Karl immer verwöhnt und idealisiert, seine Aufrichtigkeit, Empfindsamkeit und seinen Mut hervorgehoben und hohe Erwartungen in ihn gesetzt. Die einst vom Vater gepriesene Offenheit habe sich bei dem „feurige[n] Genie" (S. 10, Z. 14) jedoch zu Frechheit und seine Empfindsamkeit zu Lüsternheit gewandelt. Franz prophezeit Karl eine Karriere als Räuberhauptmann und den Tod am Galgen. Er selbst sei für seinen Vater dagegen immer nur der „kalte, trockne, hölzerne Franz" (S. 11, Z. 12 f.) gewesen.

Verstoßung des Sohnes als vermeintliche Rettung

Der sichtlich getroffene Vater bittet Franz um Vergebung und Beistand. Dieser stellt die Verstoßung des Bruders als einzigen Weg dar, diesen zur Umkehr zu bewegen. Der alte Moor möchte Karl deshalb schreiben. Angeblich aus Sorge darüber, dass der Vater zu hart mit seinem Sohn ins Gericht gehen könnte, bietet Franz an, an seiner Stelle den Brief zu verfassen. Der Alte willigt ein und bittet Franz darum, schonend mit seinem Erstgeborenen umzugehen. Traurig geht er davon, ohne die Angelegenheit selbst weiter zu verfolgen.

Franz' Plan

Im folgenden Monolog bekommen die Zuschauer Einblick in Franz' Pläne und seine Intrige. Sein Ziel ist es, Bruder und Vater aus dem Weg zu räumen und Amalia zu besitzen. Mit dem Brief, den er im Namen des Vaters an Karl schreiben wird, will er die völlige Entfremdung zwischen Vater und Sohn bewirken.

Das Recht des Stärkeren

Weil Franz sich gegenüber seinem Bruder Karl benachteiligt fühlt, beklagt er sich über die Ungerechtigkeit der Natur. So sei er nur der Zweitgeborene und zudem mit einem hässlichen Äußeren geschlagen. Allerdings könne er sich mithilfe seines „Erfindungsgeist[s]" (S. 15, Z. 7f.) in der Welt behaupten. Dies gelinge nur den Starken, denen die Welt gehöre, während die Schwachen zwangsläufig untergehen müssten („Das Recht wohnet beim Überwältiger", S. 15, Z. 14).

Ethische Normen als Kontrollinstrument der Mächtigen

Franz spottet über die in der Gesellschaft geltenden ethischen Normen, die nur Mittel der Mächtigen seien, um die Dummen und den „Pöbel" (S. 15, Z. 25) unter Kontrolle zu halten. Die Starken könnten sich darüber ungestraft hinwegsetzen, für sie seien Skrupel nur hinderlich.

Ablehnung familiärer Bindungen und moralischer Schranken

Auch familiäre Bindungen zählen für Franz nicht. Mit derben Worten erklärt er, dass Verwandtschaftsverhältnisse zufällig entstünden. Aus einer „Nachbarschaft der Leiber" (S. 16, Z. 12f.) könne nicht auf eine „Harmonie der Geister" (S. 16, Z. 13) geschlossen werden. Deshalb spürt er keine Verpflichtungen gegenüber dem Bruder und dem Vater, der ihn nur aus Triebhaftigkeit gezeugt habe. Außerdem wird deutlich, dass er keinerlei moralische und gesetzliche Schranken für sich akzeptiert („Ich will alles um mich her ausrotten, was mich einschränkt, dass ich nicht Herr bin.", S. 17, Z. 8f.).

Bedeutung der Szene

In der ersten Szene wird zum einen durch die Briefintrige die Handlung des Dramas in Gang gesetzt: Franz' gefälschter Antwortbrief führt dazu, dass Karl zum Räuberhauptmann wird. Zum anderen lernen die Zuschauer die wichtigsten Eigenschaften von Franz und dem alten Moor kennen. Letzterer hat bei der Erziehung seiner Söhne viele Fehler gemacht. Erst durch seine Leichtgläubigkeit kann es zur Katastrophe kommen. Franz empfindet die Herabsetzung durch seinen Vater als tiefe Demütigung, für die er sich rächen möchte. Er geht dabei gewissenlos und mit kühlem Rationalismus vor.

Der erste Eindruck von Franz Moor (Szene I, 1)

Als Kind	Als Erwachsener
• fühlt sich vom Vater ungerecht behandelt • fühlt sich gegenüber Karl minderwertig • heuchelt Frömmigkeit und Pflichtbewusstsein	• sieht in seiner Hässlichkeit eine Benachteiligung der Natur • vertraut auf seinen Erfindungsgeist • verachtet Moral und Gesetz • strebt nach schrankenloser Macht
→ Der erwachsene Franz will sich für seine Zurückweisung als Kind rächen!	

Zweite Szene

Karls Kritik am „Kastratenjahrhundert" (S. 18, Z. 20)

Handlungsort ist eine Schenke *„an den Grenzen von Sachsen"* (S. 17, Z. 12), in der Karl Moor zusammen mit seinem Kumpanen Spiegelberg trinkt. Offenbar wollen Karl und seine Kameraden aus Sachsen fliehen, weil sie dort unter anderem wegen ihrer hohen Schulden gesucht werden. Karl beklagt, dass es seiner Epoche im Gegensatz zur Antike an großen, mutigen Männern mangle. In seinen Worten spiegelt sich die Vorstellungswelt des Sturm und Drang wider. Verehrt wird das „Genie", der schöpferische Geist, der Großes vollbringt, da er sich vom Gefühl, dem „Herz" (S. 18, Z. 28) und der „gesunde[n] Natur" (S. 18, Z. 27) leiten lässt. Für Karl verkörpern die Helden der Antike wie Alexander, Hannibal oder Prometheus diesen Typus.[1] Jenen großen Männern stellt er die Intellektuellen seiner Epoche gegenüber, die er mit ausdrucksstarken, zum Teil derben Bildern und Vergleichen verspottet („Kerls, die in Ohnmacht fallen, wenn sie einen Buben gemacht haben", S. 18, Z. 4f.). Man lebe in einem „tintenklecksenden Säkulum" (S. 17, Z. 16), also in einem Jahrhundert, in dem kraftlose und verweichlichte Gelehrte die Taten der Großen kommentieren und beurteilen. Da es den zeitgenössischen Gelehrten an Vitalität und Originalität fehle, orientierten sie sich an überlieferten Mustern (vgl. S. 18, Z. 27f.). Seine Zeitgenossen charakterisiert Karl pauschal als heuchlerisch und kleinkariert, missgünstig und stets auf den eigenen Vorteil bedacht (vgl. S. 18, Z. 29–S. 19, Z. 14). Dieses harte Urteil ist wohl unter anderem dadurch bedingt, dass er hoch verschuldet ist, aber seine Bitte auf Zahlungsaufschub zurückgewiesen worden ist. Wie sein Bruder Franz in der ersten Szene erkennt Karl die Gesetze für sich nicht als bindend an und fühlt sich von ihnen eingeengt. Um wahrhaft Großes zu vollbringen, müssten sich Männer wie er darüber hinwegsetzen. Karls Freiheitswille hat auch eine vage politische Dimension. So versteigt er sich zu der Vision, Deutschland in eine „Republik"[2] (S. 19, Z. 26) zu verwandeln, wobei er sich selbst an der Spitze des Revolutionsheeres sieht. Spiegelberg, dessen Name auf seine jüdische Abstammung hindeutet, kommentiert Karls leidenschaftliche Rede zunächst nur mit kurzen Einwürfen, dann entwirft er selbst fantastische Pläne von waghalsigen Abenteuern, wie die Erneuerung eines jüdischen Königreichs unter seiner Herrschaft (vgl. S. 19, Z. 29–S. 20, Z. 16).

---

1 Zur Sturm-und-Drang-Thematik siehe auch Charakterisierung von Karl, besonders den Abschnitt „Kommunikationsverhalten", S. 92ff.

2 Die Forderung nach einer Republik war für die damalige Zeit radikal, da sie die Abschaffung der Monarchie beinhaltet.

Karl Moor und die Räuber (Berliner Schaubühne, 2008)

Karls geplante Rückkehr zur Familie und Spiegelbergs Versuche, ihn umzustimmen

Karl teilt ihm entgegen ihrer großen Pläne mit, dass er sein Leben voller „Narrenstreiche[]" (S. 20, Z. 18) beenden wolle. Spiegelberg befürchtet, Karl werde „den verlorenen Sohn spielen" (S. 20, Z. 19 f.) und zu seiner Familie zurückkehren, weil er keinen anderen Ausweg aus seiner derzeitigen Notlage wisse. Um ihn davon abzubringen, erinnert er ihn an die zusammen ausgeheckten derben Späße und wüsten Streiche (vgl. S. 20, Z. 22–S. 21, Z. 25). Doch für Karl sind diese Begebenheiten Grund zur Scham und nicht zur Prahlerei. Hierauf erinnert ihn Spiegelberg daran, wie er bei ihren Gelagen seinen Vater, den alten Moor, verspottet und beschimpft hat, und erzählt eine Begebenheit aus seiner eigenen Kindheit, in der er sich durch einen gewagten Sprung vor einem bissigen Hund gerettet hat, um zu zeigen, wie in Notsituationen „die Kräfte wachsen" (S. 22, Z. 35 f.). Damit will er Karl für eine Schurkenkarriere in der „große[n] Welt" (S. 23, Z. 8) begeistern, wozu er ihm auch das „Verbrecherhandwerk" lehren will. Daraus kann man schließen, dass er nicht nur wie Karl Studentenstreiche begangen hat, sondern bereits kriminell ist. Karl lässt sich von Spiegelbergs fantastischen und größenwahnsinnigen Plänen jedoch nicht beeindrucken. Weil er fest mit der Vergebung seines Vaters rechnet, sieht er sich schon im „väterlichen Haine" (S. 24, Z. 10) und in den Armen seiner Geliebten Amalia. Er erwartet, dass eine entsprechende Nachricht bereits in der Stadt eingetroffen ist, und will sich verabschieden.

Franz' Brief

In dieser Situation treten die im Personenverzeichnis als „Libertiner"[1] (S. 6) bezeichneten Schweizer, Roller, Grimm, Schufterle und Razmann auf, die befürchten, entdeckt und verhaftet zu werden. Karl jedoch zeigt sich unbesorgt und wartet freudig erregt auf Schwarz, der ihm den Brief des Vaters überbringen soll. Als er diesen schließlich liest, erschrickt er und gebärdet sich wie ein Wahnsinniger. Am Ende lässt er den Brief fallen und geht davon, worauf Roller den Brief den anderen Kumpanen vorliest. Franz schreibt darin, der Vater lasse ausrichten, dass von ihm keine Vergebung zu erwarten sei. Diese Entscheidung sei endgültig. Sollte Karl jemals nach Hause zurückkehren und um Gnade bitten, werde er für immer in den Kerker des väterlichen Anwesens geworfen. In seinem Brief lässt Franz den Vater durchgehend besonders hart und grausam erscheinen. Heuchlerisch endet der Brief mit der Formulierung „Ich bedaure dich – Franz von Moor" (S. 25, Z. 33 f.).

Spiegelbergs Versuche, die Libertiner für die Räuberbande zu gewinnen

Spiegelberg nutzt die Abwesenheit Karls aus, um die Gründung einer Räuberbande mit sich als Anführer voranzutrei-

[1] Libertiner: freigeistige und moralisch frei denkende Menschen

ben. Er präsentiert sich als Retter der verschuldeten und verfolgten Kumpanen, der sie zu „Helden", „Freiherrn", „Fürsten", ja sogar „Göttern" machen werde (S. 26, Z. 17f.). Außerdem appelliert er an ihre Ehre: Jeder solle sich ihm anschließen, in dessen Adern „noch ein Tropfen deutschen Heldenbluts" (S. 26, Z. 40–S. 27, Z. 1) rinne. Ihm zufolge gibt es für sie alle keine echte Alternative zum Räuberleben. Sie könnten nur im Schuldturm enden, mit harter Arbeit ein karges Dasein fristen oder sich beim Militär schikanieren lassen. Von Spiegelbergs Worten begeistert, denken sich die anderen irrwitzige Pläne für ihren künftigen Lebenswandel aus. Spiegelberg stellt ihnen „Ruhm und Unsterblichkeit" (S. 28, Z. 15) in Aussicht und findet zynische Rechtfertigungen für das Verbrecherleben. So stelle man als Räuber nur „das Gleichgewicht der

Spiegelberg (Berliner Schaubühne, 2008)

Güter" (S. 28, Z. 26f.) wieder her und durch die Ermordung eines Menschen erspare man ihm „Krieg, Pestilenz, teure Zeit und Doktors" (S. 28, Z. 29f.). Roller warnt Spiegelberg jedoch vor dem Tod am Galgen und der darauf folgenden ewigen Verdammnis. Um Spiegelbergs hochfliegende Pläne zu ironisieren, stellt Roller dessen Höllenfahrt wie eine Aufnahme in den Himmel dar, so beschreibt er die Teufel zum Beispiel als „Engel mit Schwänzen" (S. 29, Z. 9f.). Spiegelberg bemerkt daraufhin, dass schon einigen „Universalgenie[s]" (S. 29, Z. 17), die am Galgen geendet seien, mehr Nachruhm zuteilgeworden sei als so manchem adeligen Würdenträger. Schließlich kann er alle der Anwesenden für seinen Plan gewinnen.

Roller wiederum gibt zu bedenken, dass die Bande auch einen Anführer brauche. Als Spiegelberg klar wird, dass Roller dabei nicht an ihn, sondern an Karl denkt, wendet er sich beleidigt ab.

Karls Rückkehr und sein Hass auf die Menschheit

Karl kehrt zurück und rast vor Enttäuschung über die vermeintliche Zurückweisung durch seinen Vater. Um seiner Verbitterung den entsprechenden Ausdruck zu verleihen, verwendet er ausdrucksstarke Bilder aus dem Tierreich. Sein Hass richtet sich nicht nur gegen seinen Vater, sondern gegen die ganze Menschheit, die er als „heuchlerische Krokodilbrut" (S. 31, Z. 23f.) und „Hyänen-Gezücht" (S. 32, Z. 18) bezeichnet. Doch während sich Tiere um ihre Nachkommen kümmerten, könne man beim Menschen keine Vatertreue erwarten. Völlig unmäßig in seiner Wut möchte er „den Ozean vergiften, dass sie den Tod aus allen Quellen saufen" (S. 32, Z. 6f.). Seine Kumpane nutzen die Gelegenheit und erklären ihm, dass ihm die Gründung einer Räuberbande die Möglichkeit gäbe, sich an der Welt zu rächen.

Der erste Eindruck von Karl Moor (Szene I, 2)

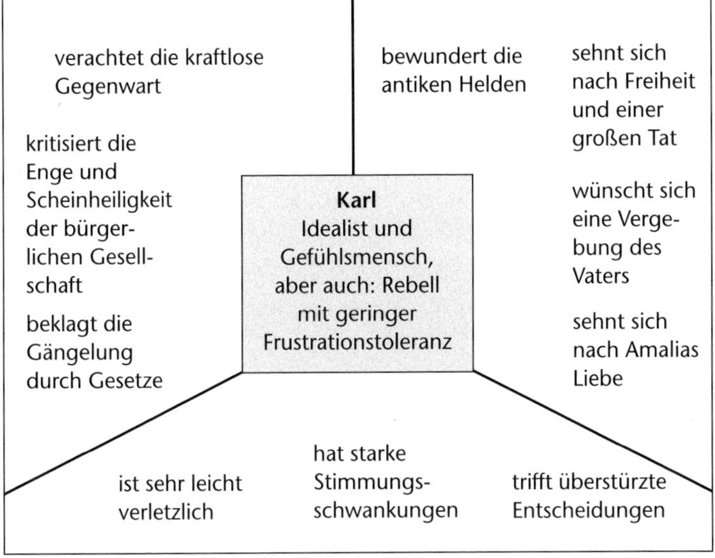

Karls Ernennung zum Räuberhauptmann und der Treueschwur

Wütend muss Spiegelberg zusehen, wie die anderen Karl die Führung der Bande antragen. Dieser willigt ein, wobei seine Selbstüberschätzung immer stärker zutage tritt. Weil sein Vater ihm „Sympathie und menschliche Schonung" (S. 33, Z. 16f.) verweigert habe, empfinde er diese anderen gegenüber auch nicht mehr. Sein „Geist dürste[] nach Taten" (S. 33, Z. 12), womit Raub und Mord gemeint sind. Er lässt seine Gefolgsleute einen Treueschwur ableisten und verspricht ihnen, ihr „Hauptmann zu bleiben bis in den Tod" (S. 33, Z. 31 f.). Eine Bemerkung Spiegelbergs am Ende der Szene legt den Schluss nahe, dass er versuchen wird, gegen Karl zu intrigieren (vgl. S. 34, Z. 7f.).

Bedeutung der Szene

Die dargestellten Ereignisse führen zum tragischen Ausgang des Dramas. Nach der Intrige in der ersten Szene wird die Räuberbande gegründet, durch die Karl schließlich in den Abgrund gerissen wird. Beide Szenen bilden zusammen eine „doppelte Exposition". Die Zuschauer lernen Karl Moor als Schwärmer und Hitzkopf kennen. Wie sein Vater fällt er, ohne misstrauisch zu werden, auf die Lügen seines Bruders herein. Seine Reaktion auf den Brief ist vermessen. Er will sich bewusst außerhalb der menschlichen Gemeinschaft stellen und negiert deren moralische Normen. Hier findet sich eine innere Ähnlichkeit mit seinem Bruder Franz. Bindend für Karl ist allerdings der Schwur, den er seinen Kumpanen gegeben hat. Dieses in der zweiten Szene des dritten Aktes erneuerte Gelübde macht es ihm am Schluss des Dramas unmöglich, sich von der Bande zu lösen.

Die „doppelte Exposition"

- Einführung in die Schloss- bzw. Franz-Handlung in Szene I, 1
- Einführung in die Räuber- bzw. Karl-Handlung in Szene I, 2

Dritte Szene

Amalias Abrechnung mit Franz und seinem Vater

Im Schloss der Familie Moor versucht Franz, Karls Geliebte Amalia für sich zu gewinnen. Sie weist ihn jedoch ab, wobei sie aus ihrer Verachtung für Franz keinen Hehl macht. Ihn und den alten Moor beschimpft sie als „Drachenseelen" (S. 34, Z. 18). Der Vater genieße auf dem Schloss ein Leben in Luxus, während sein verstoßener Sohn leiden müsse, und auch Franz hasse seinen Bruder. Amalia bezeichnet Karl als Moors „einzigen Sohn" (S. 34, Z. 19), da sie Franz für zu gefühlskalt hält, um echte Liebe für den Vater zu empfinden.

Franz' Versuche, Karl zu verleumden

Sie fordert Franz dazu auf, ihr den Gefallen zu tun, sie zu hassen, und schickt ihn weg. Daraufhin will Franz ihre Liebe zu Karl mit einer üblen Lüge zerstören. Er behauptet, Karl habe mit dem Ring, den er von Amalia als Zeichen ihrer Treue erhalten habe, eine Hure bezahlt, wobei er sie durch seine zynischen Formulierungen provoziert und beleidigt. Außerdem behauptet er, Karl habe die Syphilis, also eine Geschlechtskrankheit, deren Symptome er in schockierenden und ekelerregenden Bildern schildert. Der Körper des einst so schönen Jünglings sei bereits von der Krankheit entstellt. Aber auch sein Geist sei betroffen, da mit dem Verfall des Körpers ein Verfall des Charakters einhergehe. Doch Amalia durchschaut Franz' Täuschungsmanöver.

Karls angebliche Bitte, sich um Amalia zu kümmern

Franz ändert daraufhin seine Taktik. Er behauptet, er habe Amalia nur auf die Probe stellen wollen, um ihre Loyalität gegenüber Karl zu testen, und verspricht ihr, den Vater auf Knien um Verzeihung für den Bruder zu bitten. Schließlich sei er selbst über das Schicksal des Bruders sehr erschüttert, da sie sich charakterlich so ähnlich seien. Dieser Aussage widerspricht Amalia aber ganz entschieden. Franz wiederum behauptet, er habe Karl versprechen müssen, sich um Amalia zu kümmern und den Platz des Bruders einzunehmen, wenn Karl etwas zustoße.

Franz' Zurückweisung durch Amalia

Als Amalia darin einen weiteren Täuschungsversuch von Franz erkennt, schickt sie ihn empört und voller Verachtung weg. Zornig droht Franz, sie werde noch vor ihm „zittern", da sie ihm einen „Bettler" (S. 39, Z. 11) vorziehe. In einem kurzen Monolog nach Franz' Abgang betont Amalia, wie unwichtig ihr weltlicher Luxus sei und wie viel Größe Karl selbst noch als Bettler besitze.

Bedeutung der Szene

Amalia ist die einzige Hauptfigur des Stückes, auf der kein Makel liegt. In dieser Szene wird ihre unverbrüchliche Loyalität gegenüber Karl klar. Außerdem lässt sie sich im Gegensatz zum alten Moor und Karl nicht von Franz' Lügen täuschen, da sie ihrem Herzen folgt. Franz empfindet Amalias Zurückweisungen als Demütigung, die erneut seine

Unterlegenheit gegenüber seinem Bruder Karl deutlich macht.

Zweiter Akt

Erste Szene

Franz' Plan, den Vater zu töten

Etwa elf Monate später befindet sich Franz Moor allein in seinem Zimmer auf dem moorschen Schloss. In einem längeren Monolog wird sein materialistisches Weltbild deutlich. So ist der Vater für ihn ein „ärgerliche[r], zähe[r] Klumpen Fleisch" (S. 40, Z. 3f.), den es aus dem Weg zu räumen gilt, um an dessen Erbe zu gelangen. Er schreckt davor zurück, den Vater zu ermorden, da er um seinen guten Ruf fürchtet, will aber eine andere Methode finden, um dessen Leben zu verkürzen. Ausgangspunkt ist seine Theorie, dass der Zusammenhang zwischen Emotionen und Körper des Menschen rein mechanisch ist. Deshalb möchte er „[d]en Körper vom Geist aus […] verderben" (S. 40, Z. 28), indem er im Vater Empfindungen hervorruft, die dessen Lebenskraft schwinden lassen. Am besten geeignet dafür scheinen ihm Reue, Schuldgefühle und Verzweiflung zu sein.

Hermann als Handlanger für Franz' Intrige

Sein Gefolgsmann Hermann, ein unehelicher Sohn eines Edelmanns, kommt ihm dabei wie gerufen. Um ihn zu manipulieren, setzt Franz bei Hermanns Komplexen wegen seiner Abstammung an, schmeichelt ihm und bringt ihn gegen den alten Moor und seinen Bruder auf, indem er Hermann an erlittene Demütigungen erinnert. Außerdem stellt er Hermann sowohl den einem Adeligen gebührenden Lebensstil als auch Amalia als Frau in Aussicht. Dazu müsse er selbst jedoch Herr auf dem moorschen Schloss werden und nicht sein Bruder Karl.

Franz' Auftrag

Franz trägt Hermann auf, sich so zu verkleiden, dass er vom Vater nicht erkannt wird, und diesem die fingierte Nachricht von Karls Tod zu überbringen. Diesen Schock werde der Vater nicht überleben, sodass Franz der neue Herr würde. Hermann willigt begeistert ein. Nach dessen Abgang macht Franz deutlich, dass Hermann für ihn nur ein Werkzeug ist und Amalia natürlich ihm selbst vorbehalten ist.

Bedeutung der Szene

In dieser Szene bekommen die Zuschauer einen tieferen Einblick in Franz' materialistisches Weltbild. Für ihn lässt sich jeder Mensch durch die Erzeugung bestimmter Emotionen steuern, ähnlich wie ein Arzt den Körper des Patienten mit Anwendungen, Pillen und Tropfen manipulieren kann. Wie zum Beweis seiner Theorie gelingt es ihm ohne Probleme, den naiven und unter Minderwertigkeitskomplexen leidenden Hermann zu instrumentalisieren.

Was haben Franz und Karl gemeinsam?

Bei allen Unterschieden gibt es eine wichtige Gemeinsamkeit:

„Das Gesetz hat zum *Schneckengang* verdorben, was Adler*flug* gewesen wäre. Das Gesetz hat noch keinen großen Mann gebildet [...]." (Karl Moor, S. 19, Z. 18–20; Hervorheb. d. Autors)

„Soll sich mein hoch*fliegender* Geist an den *Schneckengang* der Materie ketten lassen?" (Franz Moor, S. 40, Z. 8–10; Hervorheb. d. Autors)

In ihrem Streben nach der großen Tat wollen sich Karl und Franz durch nichts aufhalten lassen. Das verdeutlicht Schiller durch die fast identische Wortwahl.

Zweite Szene

Vergebung für den alten Moor

Amalia betrachtet den in seinem Zimmer in einem Sessel schlafenden alten Moor. Während sie ihn in Szene I, 3 noch als „Unmenschen" (S. 34, Z. 17 f.) bezeichnet hat, kann sie auf den „ehrwürdig" (S. 46, Z. 1) aussehenden Greis nun nicht mehr wütend sein. Wiederum zeigt sich, dass Amalia sich nicht täuschen lässt. Intuitiv erkennt sie, dass der alte Moor nicht das Scheusal ist, als das ihn sein Sohn Franz hinstellt. Der Alte spricht im Schlaf, wobei deutlich wird, wie sehr er Karl vermisst. Erwacht gesteht er Amalia, wie sehr er die Vergebung seines Sohnes ersehne, woraufhin ihm diese die harte Behandlung von Karl verzeiht.

Gedenken an Karl

Sie gedenken gemeinsam Karls, während sie sein von Amalia gemaltes Porträt betrachten. Der alte Moor wünscht sich, Karl wäre in seiner Todesstunde bei ihm. Auch Amalia träumt davon, im Sterben „von dem Gesang des Geliebten" (S. 47, Z. 20f.) eingewogen zu werden. Dies ist eine Vorausdeutung auf den Tod Amalias am Ende des Stückes, der jedoch durch die Hand ihres Geliebten erfolgt. Sie singt das symbolträchtige Hektor-Lied, das vom Abschied des trojanischen Helden

Hektor-Lied

Maren Eggert als Amalia (Salzburger Festspiele, 2008)

von seiner Frau Andromache vor seinem Kampf gegen den unbezwingbaren Griechen Achilles handelt.[1]

Hermanns Auftritt und die Nachricht von Karls Heldentod

Nachdem der alte Diener Daniel die Ankunft eines Fremden angekündigt hat, tritt der verkleidete Hermann zusammen mit Franz ein. Er gibt sich als Karls Kriegskamerad aus und berichtet, dass der völlig mittellose Karl sich aus Verzweiflung dem preußischen Heer angeschlossen habe und schließlich den Heldentod auf dem Schlachtfeld gestorben sei. Da es Franz' Plan ist, den Vater einerseits durch die Nachricht vom Tod seines Sohnes zu erschüttern und andererseits peinigende Schuldgefühle bei dem alten Mann zu erwecken, überbringt Hermann ein Schwert, das ihm angeblich Karl übergeben hat. Hermann solle es dem Vater aushändigen, damit dieser sich beim Anblick der blutigen Waffe am Tod des von ihm verachteten Sohnes weiden könne.

Franz' erneuter Versuch, Amalia zu gewinnen

Amalia hält Hermann zunächst für einen Betrüger und glaubt diesem erst, als er behauptet, Karl habe im Sterben ihren Namen geseufzt. Um sie zu manipulieren, präsentiert Hermann zudem – angeblich auf Wunsch des sterbenden Karl – ein Bild von Amalia. Außerdem steht auf Karls Schwert mit Blut geschrieben: „Franz, verlass meine Amalia nicht!" (S. 51, Z. 35) Doch darauf reagiert sie nicht wie von Franz erhofft, sondern läuft entsetzt davon.

Erste Zweifel bei Hermann

Hermann überkommen bereits Skrupel. Noch bevor er davongeht, raunt er, angerührt von der Verzweiflung des Vaters, Franz zu: „Warum habt Ihr auch das gemacht […]?" (S. 51, Z. 22f.)

Verzweiflung des alten Moor

Am Boden zerstört bittet der alte Moor Amalia, die er „Tochter" (S. 52, Z. 9) nennt, ihn nicht zu verlassen, wohingegen er bei Franz keinen Trost sucht. Er macht sich schwere Vorwürfe, dass er selbst „seinen großen Sohn er-

[1] Motiv aus der griechischen Mythologie: Bei dem Kampf um Troja wird Patroklos, Achilles' Vetter und enger Freund, von Hektor im Kampf getötet. Um dessen Tod zu rächen, fordert Achilles Hektor zum Zweikampf heraus, bei dem Hektor getötet wird.

schlug" (S. 52, Z. 17). Franz gibt ihm ebenfalls die Schuld an Karls Tod und hat für seine Verzweiflung nur Hohn übrig. Die beiden geraten in ein hitziges Wortgefecht, worauf Franz mit den Worten „[S]terbt! Verzweifelt!" (S. 52, Z. 32) abgeht. Als Amalia erkennt, wie verzweifelt der alte Moor über seine Einsamkeit ist, tröstet sie ihn. Karl sei beim „himmlische[n] Vater" (S. 53, Z. 13) und nach ihrem Tod seien sie alle wieder miteinander vereint.

Wunsch des alten Moor nach einer Versöhnung mit Franz

Franz betritt wieder das Zimmer. Der alte Moor möchte vor seinem Tod noch seinen Frieden mit der Welt machen und bittet ihn deshalb um Vergebung. Als Franz ihm vorwirft, dass er immer Karl bevorzugt habe, rechtfertigt sich der tiefreligiöse alte Moor damit, dass auch der biblische Jakob insgesamt zwölf Söhne gehabt habe, aber ein Sohn sein Lieblingssohn gewesen sei.

Die Geschichte von Joseph

Daraufhin lässt er sich von Amalia die Bibelstelle vorlesen, in der Jakob um seinen tot geglaubten Lieblingssohn Joseph trauert. Diese Geschichte hat eine Parallele mit dem Schicksal des alten Moor, derer er sich nicht bewusst ist, die jedoch Franz dazu bewegt, sich während Amalias Vortrag davonzustehlen. Denn Josephs Brüder täuschen ihrem Vater aus Eifersucht den Tod seines liebsten Sohnes vor, den sie in Wirklichkeit in die Fremde verkauft haben.[1]

Zusammenbruch des alten Moor

Die Schilderungen von Jakobs verzweifelter Trauer sind zu viel für den alten Moor. Er sieht seine Sterbestunde gekommen und fragt nach Franz. Als ihm Amalia mitteilt, er sei „geflohen" (S. 55, Z. 5), bricht er endgültig zusammen, sodass sie ihn für tot hält.

Franz' Jubel über den Tod des Vaters

Franz springt *„frohlockend"* (S. 55, Z. 12) ins Zimmer, weil er glaubt, sein Plan sei aufgegangen. Juristisch kann er für den vermeintlichen Tod des Vaters nicht zur Verantwortung gezogen werden. Dass dieser gar nicht tot ist, erfährt auch der Zuschauer erst später. Als neuer Herr muss Franz

---

[1] Vgl. Buch Genesis 1, Kapitel 37.

sich nicht mehr verstellen. Im Gegensatz zum alten Moor, der wie ein nachsichtiger Vater geherrscht habe, will er seine Untertanen mit eiserner Hand regieren.

„Schreckensherrschaft" Franz'

Franz' Intrige scheint erfolgreich zu sein. Er wähnt seinen Vater tot, sieht sich als Herr über dessen Ländereien und prahlt mit seiner zukünftigen Schreckensherrschaft. Doch er muss auch eine Demütigung erfahren, denn von Amalia wird er erneut zurückgewiesen.

Bedeutung der Szene

Dritte Szene

Spiegelbergs Prahlerei mit seinen Schandtaten

Spiegelberg, der zahlreiche neue Mitglieder für die Bande anwerben konnte, und Razmann treffen sich in den böhmischen Wäldern. In ihrem Dialog zeigt sich ihre moralische Verkommenheit. Ihr Räuberdasein kann nicht mit dem Leiden an den Ungerechtigkeiten der Gesellschaft begründet werden, da es gerade die Schwachen und Hilflosen sind, an denen sie sich vergehen. So prahlt Spiegelberg damit, wie er die Obrigkeit auf eine falsche Fährte gelockt hat und dabei ein Unschuldiger statt seiner gehängt worden ist. Ebenso stellt er die Plünderung eines Nonnenklosters und die Vergewaltigung der Nonnen mit Grimm und weiteren Spießgesellen als einen großen Spaß dar und schildert die Todesangst der Nonnen mit derbem Spott. Razmann nimmt keinen Anstoß daran, sondern bedauert, nicht dabei gewesen zu sein. In Spiegelbergs Prahlereien werden die Unterschiede zwischen seinen und Karls Auffassungen von der Räuberexistenz deutlich. Während Karl der sicherlich fehlgeleitete Wunsch nach Gerechtigkeit antreibt, sucht Spiegelberg nach verschlagenen Verbrechernaturen, die vor allem an den eigenen Vorteil denken. Diese verdirbt er dann an „Leib und Seele" (S. 60, Z. 30), um sie zu Räubern zu machen. Er schreckt auch nicht davor zurück, die Existenzen von ehemals ehrbaren Männern zu zerstören, um sie zu einer Mitgliedschaft in der Bande zu zwingen.

Unterschiede Karl – Spiegelberg

Razmann (Berliner Schaubühne, 2008)

Karl, der „edle" Räuber

Karl hingegen wird von Razmann als eine charismatische Führerpersönlichkeit beschrieben, der gar nicht aktiv um Mitglieder werben muss. So hätten sich schon zahlreiche „ehrliche Kerl[e]" (S. 62, Z. 7) freiwillig der Bande angeschlossen, nachdem sie von dem Hauptmann und seinen Taten gehört haben. Außerdem stellt Razmann Karls edle Beweggründe heraus. Er bereichere sich nie an der Beute, sondern verschenke seinen Anteil an die Armen. Unerbittlich gehe er gegen Ausbeuter vor und gegen diejenigen, die das Gesetz beugten. So habe der Hauptmann einen reichen Grafen überfallen, weil dieser mithilfe seines Anwalts ungerechtfertigterweise einen Gerichtsprozess gewonnen habe, und dessen Anwalt erstochen. Da Spiegelberg klar wird, dass der Hauptmann seine Taten keinesfalls billigen würde, bittet er Razmann um Verschwiegenheit. Schwarz kommt aufgeregt herbei und meldet Rollers Verhaftung. Dass dieser auch nach dreiwöchiger Gefangenschaft und Folter den Hauptmann nicht verraten hat, zeigt, dass er zu den integeren Mitgliedern der Bande gehört. Im Gegensatz zu Spiegelberg, der stets an den eigenen Vorteil denkt, setzen Karl und Roller ihr Leben für den anderen aufs Spiel. Schwarz berichtet, Karl habe sich in Verkleidung zu seinem gefangenen Kameraden geschlichen und ihm einen Tausch angeboten, was dieser jedoch ausgeschlagen habe. Spiegelberg dagegen zeigt sich von Rollers Schicksal ungerührt.

Rollers Verhaftung

Die brennende Stadt (Thalia Theater Hamburg, 2008)

Schweizer, Roller, Grimm, Schufterle und Karl erscheinen. Roller und Schweizer berichten von Rollers Rettung. Der Hauptmann habe geschworen, Roller zu retten oder furchtbare Rache an der Stadt zu nehmen. Die Räuber hätten den Ort in Brand gesteckt und im Chaos der Feuersbrunst habe Roller entfliehen können. Im Zuge dessen habe die Bande

Rollers Befreiung und die Plünderung der Stadt

die Stadt geplündert, wobei 83 Menschen ihr Leben ließen. Während sich Karls Betroffenheit darüber in den Worten „Roller, du bist teuer bezahlt." (S. 69, Z. 8) offenbart, zeigt sich Schufterles völlige moralische Verwahrlosung. Es habe schließlich nur den „Bodensatz der Stadt" (S. 69, Z. 16), nämlich die Schwachen und Wehrlosen, getroffen.

Rauswurf Schufterles

Als Schufterle ohne jegliche Scham davon berichtet, einen Säugling in die Flammen geworfen zu haben, verstößt ihn Karl erzürnt aus der Bande. Er droht anderen, insbesondere Spiegelberg, „fürchterlich[e] Musterung" (S. 70, Z. 4f.) zu halten.

Karls Zweifel an seinem Racheplan

Der allein zurückgebliebene Karl ist schockiert über die Gewaltexzesse der Räuber, die schwer auf seinem Gewissen lasten. Um sich zu rechtfertigen, vergleicht er die Taten seiner Bande mit Gottes Werken. Bei dessen Strafaktionen gegen die Sünder würden auch Gerechte sterben. Schließlich erkennt Karl seine Selbstüberschätzung. Er habe sich angemaßt, das „Rachschwert" (S. 70, Z. 19) zu führen, dabei aber kläglich versagt. Daher beschließt er zu fliehen.

Die Nachricht von der Einkesselung durch die Soldaten

Die Räuber tauchen erneut auf und berichten Karl davon, dass der Wald von Soldaten umstellt sei, worauf Karl kurz die Szenerie verlässt. Während Schweizer Mut und Entschlossenheit beweist, offenbart sich erneut Spiegelbergs Charakterschwäche. Er denkt an Flucht und klagt, der Hauptmann habe sie verlassen. Karl glaubt jedoch, dass er seine Bande in dieser Stunde der Not nicht alleinlassen dürfe, da er sich für ihr Schicksal verantwortlich fühlt wie ein Vater für seine Familie. Er gibt Anweisungen für das Gefecht mit den Soldaten. Gegenüber dem in Ungnade gefallenen Schufterle zeigt sich Karl gnädig. Dieser soll sich als beraubtes Opfer der Bande ausgeben und so die Verfolger täuschen.

Der Pater als Abgesandter der Obrigkeit

Ein Pater tritt auf, der Karl im Auftrag der Obrigkeit zur Aufgabe bewegen soll. Bildreich beschreibt er die Bande als gemeingefährliche Mörder und kriminellen Abschaum.

Karl Moor und Schweizer bedrohen den Pater (Berliner Schaubühne, 2008)

Doch während Schweizer den Pater am liebsten zum Schweigen bringen würde, macht sich Karl nur lustig über ihn. Der Pater teilt den Räubern mit, sie hätten gegen die Übermacht keine Chance. Wenn der Hauptmann sich jedoch ergäbe und um Gnade bäte, könne er Milde erwarten. Dann würde er – so sein zynisches Angebot – „nur" gerädert werden. Karl gibt unumwunden zu, alle ihm vorgeworfenen Verbrechen begangen zu haben, und bekennt sich sogar zu vier weiteren Morden, unter anderem an einem Priester. Allerdings hätten alle Opfer den Tod verdient, denn sie hätten sich schwerer Verfehlungen wie der Ausschaltung von Konkurrenten, des Ämterhandels und der Verteidigung der Inquisition[1] schuldig gemacht.

Karls Angriff auf die Kirche und die weltliche Obrigkeit

Karl greift den Pater und seine Kirche scharf an. Das Handeln der Kirchenmänner sei von Scheinheiligkeit geprägt. Während sie Nächstenliebe predigten, sei davon in ihrem

[1] Inquisition: wegen seiner grausamen Methoden berüchtigtes kirchliches Gericht im späten Mittelalter und der frühen Neuzeit, das angebliche Ketzer überführen sollte

Handeln nichts zu bemerken. Gegenüber den Bedürftigen verhielten sie sich oft hartherzig, bei der „Missionierung" fremder Erdteile würden deren Bewohner ausgeplündert und unterjocht. Doch den allwissenden Gott könnten sie durch ihre sinnentleerten Rituale nicht täuschen. Das weltliche Gericht erkennt Karl nicht an. Es „würf[le]" „über Leben und Tod" (S. 76, Z. 27f.). Er sei kein gemeiner Dieb, sondern ein Rächer. Zweifelsohne werde er sich einmal vor Gottes Gericht verantworten müssen, mit dessen selbst ernannten „erbärmlichen" (S. 76, Z. 31f.) Stellvertretern auf Erden wolle er jedoch nichts zu tun haben.

Das Angebot des Paters an die Bande

Als der Pater erkennt, dass Karl unerschütterlich an seiner Haltung festhält, wendet er sich direkt an die Räuber. Für die Auslieferung des Hauptmanns stellt er ihnen Straffreiheit, die Rückkehr in den Schoß der Kirche und sogar Ehrenämter in Aussicht.

Die Treue der Bande zu Karl

Karl weist seine Männer auf die Ausweglosigkeit ihrer Situation hin und legt ihnen mehrmals eindringlich nahe, auf das Angebot des Paters einzugehen. Die Behörden seien nur an ihm interessiert und ein Heldentod sei für die Räuber eine Illusion. Die Größe, die Karl in dieser Situation beweist, und die Reaktion seiner Männer irritieren den Pater zutiefst. Der Hauptmann beschwört die Räuber erneut, ihn auszuliefern, er werde sich auch nicht selbst das Leben nehmen und so die Abmachung mit dem Pater unwirksam machen. Ebenso werde er ihnen keinen Widerstand entgegensetzen. Doch die Räuber bleiben ihm treu.

Der Angriff der Räuber

Mit der Losung „Rettet, rettet den Hauptmann" (S. 78, Z. 39f.) führen Roller und Schweizer die Attacke gegen die Soldaten an, die ganze Bande folgt ihnen. Damit ist Karls Strategie, seine Leute an sich zu binden, aufgegangen. *„[F]reudig"* (S. 79, Z. 2) zieht er in die Schlacht, „Tod oder Freiheit" (S. 79, Z. 3) rufend.

Bedeutung der Szene

In dieser Szene werden die Motive und das Selbstverständnis der Räuber beleuchtet. Spiegelberg und Karl sind gegensätzliche Figuren. Spiegelberg ist selbstsüchtig, er will sich vor allem bereichern und hat Freude an der Gewalt, die für ihn Selbstzweck ist. Karl hingegen sieht sich als Rächer der Unterdrückten und Entrechteten. Angesichts der Schandtaten seiner Bande wird ihm aber auch bewusst, mit welcher Arroganz und Selbstüberschätzung er versucht hat, das Recht in die eigene Hand zu nehmen. Doch ein Ausstieg ist für ihn nicht mehr möglich. Als seine Bande in eine Notlage gerät, kann er sie als ihr Hauptmann nicht im Stich lassen und verkettet damit sein Schicksal noch stärker mit dem der Bande.

Zwischen Szene II, 2 und Szene III, 1

- wird der alte Moor von Franz und Hermann zuerst lebendig begraben und dann in ein Verlies geworfen, wo er verhungern soll;
- macht sich Franz zum regierenden Grafen von Moor;
- bekommt Hermann Gewissensbisse und hält den Gefangenen am Leben.

Dritter Akt

Erste Szene

Amalias Lied

Die Szene spielt wieder im moorschen Schloss. Amalia singt ein wehmütiges Lied über einen gefallenen germanischen Helden. Sie betrauert den vermeintlichen Tod des Geliebten und erinnert sich an gemeinsam verbrachte glückliche Stunden.

Franz' Heiratspläne und seine Zurückweisung durch Amalia

Franz kommt hinzu und ermahnt sie, nicht länger um die Toten zu trauern, sondern sich den Lebenden zuzuwenden. Amalia müsse die Zuneigung, die ihr der alte Moor entgegengebracht habe, jetzt auf seinen Sohn übertragen. Franz stellt die Tatsache, dass er Amalia zur Frau haben möchte, als großen Glücksfall für sie dar, schließlich sei er der neue Herr auf dem Schloss. Als Amalia jedoch erneut unwirsch und abweisend reagiert, will er sie zur Heirat zwingen.

Franz' Drohungen und der Versuch, Amalia zu vergewaltigen

Er droht damit, sie im Kloster einzusperren, wenn sie sich weiter widerspenstig zeige. Doch Amalia nimmt dies nicht entsetzt, sondern freudig auf. Im Kloster könne sie ungestört ihres verstorbenen Geliebten gedenken. Diese schrankenlose Loyalität erbost Franz noch mehr. Ihre Gefühle sind ihm egal, er möchte sie notfalls mit Gewalt besitzen und ins Brautbett zwingen. Als Amalia ihm eine Ohrfeige gibt, kündigt er an, sie zu seiner Mätresse zu machen, er will sie quälen, demütigen und vergewaltigen. Mit einer List entwendet Amalia ihm jedoch seinen Degen und droht, ihn zu erstechen, falls er es wage, sie anzufassen. Dadurch gelingt es ihr, Franz zu vertreiben. Der Gedanke, in ein Kloster einzutreten, verleiht Amalia neuen Lebensmut, da sie dort ungestört ihres Geliebten Karl gedenken kann.

Nachricht, dass Karl und der alte Moor am Leben sind

Dann tritt Hermann, den offensichtlich das schlechte Gewissen plagt, in ihr Zimmer. Er fleht Amalia um Vergebung an, die ihn am liebsten wegschicken würde. Schließlich offenbart er Amalia, dass sowohl Karl als auch der alte Moor noch am Leben seien, worauf sie zunächst ungläubig, dann aufgewühlt reagiert.

Bedeutung der Szene

In dieser Szene wird Amalias unbedingte Treue zu ihrem tot geglaubten Geliebten sichtbar. Außerdem wird man an Franz' Aussage zu Beginn des Stückes erinnert: „Herr muss ich sein, dass ich mit Gewalt ertrotze, wozu mir die Liebenswürdigkeit gebricht." (S. 17, 10f.) Wenn Franz nicht Amalias Herz erobern kann, so will er sich ihrer gewaltsam bemächtigen. Hermanns Geständnis scheint eine Wendung im Handlungsverlauf anzudeuten. Amalia ist jedoch entweder zu passiv oder zu ohnmächtig, um Franz' Intrigen auf den Grund zu gehen und so die folgenden Ereignisse zu beeinflussen.

Zweite Szene

Karls Sehnsucht nach der verlorenen Unschuld

Die Räuber sind siegreich aus der Einkesselung entkommen und lagern erschöpft auf einer Anhöhe in einer *„Gegend an der Donau"* (S. 84, Z. 6). Karl betrachtet die reiche Früchte tragenden Felder. Doch bald darauf wird er von dunklen Gedanken heimgesucht. Durch ein Unwetter könne die Ernte und somit die Arbeit von Monaten zerstört werden. Ähnlich sei es mit allen Anstrengungen des Menschen, ob er wie die Ameise nur mit seiner Existenzsicherung beschäftigt ist oder nach Höherem strebt. Das menschliche Leben sei ein tragisches Schauspiel, da die Suche der Menschen nach Glück und Erfolg meist zum Scheitern verurteilt sei. Bei der Betrachtung des Sonnenuntergangs denkt er an einen Kindheitstraum, nämlich einmal einen Heldentod zu sterben. Moor trauert der verlorenen Unschuld der Jugend nach. Mittlerweile sei er nämlich zu einem „Ungeheuer" (S. 85, Z. 37) geworden. Die Räuber sind sichtlich besorgt und irritiert von den Reden ihres Hauptmanns, der am eingeschlagenen Weg zweifelt. Karl sehnt sich zurück in den Schoß der Familie und nach dem Segen des himmlischen und irdischen Vaters, stattdessen sieht er sich von Mördern und Verbrechern umgeben. Durch seine Schandtaten sei er für immer ausgeschlossen „aus den Reihen der Reinen" (S. 86, Z. 5f.). Karl wünscht sich eine zweite Chance, ein Leben, in dem er mit harter körperlicher Arbeit seinen bescheidenen Lebensunterhalt auf ehrliche Weise bestreiten kann.

Karls verhängnisvoller Schwur

Als Schweizer ihm frisches Wasser bringt, scheint Karl auf andere Gedanken zu kommen. Er erinnert sich an den siegreichen Kampf gegen ihre Verfolger, von denen dreihundert gefallen sind. Allerdings musste auch sein Getreuer Roller als Einziger der Räuber sein Leben lassen. Karl macht sich bewusst, wie groß die Loyalität und Opferbereitschaft seiner Männer sind. Sie haben das verlockende Angebot des Paters ausgeschlagen und sich gegen einen scheinbar übermächtigen Gegner behauptet. Deshalb schwört er, er werde die Bande niemals verlassen. Durch diesen erneuten Schwur schließt er eine Rückkehr in die Gesellschaft für sich aus.

Kosinskys Bitte um Aufnahme bei den Räubern

Kosinsky, ein junger böhmischer Adeliger, betritt das Räuberlager. Er suche furchtlose, aufrechte Männer, die für Freiheit und Gerechtigkeit kämpften, und wolle ihren Hauptmann, den berühmten Grafen von Moor, kennenlernen. Kosinsky berichtet, ihm habe das Leben übel mitgespielt, er habe Schiffbruch erlitten, die „Hoffnungen [s]eines Lebens" (S. 88, Z. 30) seien zerstört worden. Deshalb wolle er nun unter dem Räuberhauptmann dienen.

Karls Versuche, Kosinsky von seinem Vorhaben abzubringen

Während die Räuberbande sich sehr angetan von dem jungen „Herkules" (S. 89, Z. 29) zeigt, ist Moor skeptisch. Zunächst nennt er Kosinsky ironisch einen weiteren „Kläger wider die Gottheit" (S. 88, Z. 35), also jemanden, der sein eigenes Schicksal bejammert. Er hält ihn für einen „leichtsinnige[n] Knabe[n]" (S. 89, Z. 15f.), der die Tragweite seines Entschlusses, ein Verbrecher und Mörder zu werden, nicht abschätzen könne. Romantische Räubergeschichten hätten wohl Kosinskys jugendliche Fantasie angeregt und er wolle jetzt durch Raub und Mord Berühmtheit erlangen. Es würden ihn aber „Fluch, Gefahr, Tod, Schande" (S. 90, Z. 16) erwarten. Während Spiegelberg es für „unverzeihlich dumm" (S. 90, Z. 19) hält, einen Kerl wie Kosinsky ziehen zu lassen, versucht Moor weiterhin, ihn von seinem Vorhaben abzubringen. Kosinskys Ausspruch „Was soll der fürchten, der den Tod nicht fürchtet?" (S. 90, Z. 21) tut Karl als abstraktes Schulwissen ab. Echten Schmerzen werde dadurch ihr Schrecken nicht genommen.

So, wie er sich für seine Bande verantwortlich sieht und dort eine Art Vaterrolle übernimmt, so tritt Karl auch Kosinsky gegenüber als „Vater" (S. 90, Z. 28) auf, der ihn vor einer falschen Entscheidung bewahren möchte. Der Beitritt zur Bande bedeute die endgültige Abkehr von der Gesellschaft. Wer dies wage, müsse entweder absolut verkommen, „ein Teufel" oder aber ein „höherer Mensch" (S. 90, Z. 34) sein, der über den herrschenden moralischen Gesetzen stehe. Die Entscheidung, Räuber zu werden, geschehe zudem oft aus purer Verzweiflung. Hier wird klar, dass Karl auch über sich selbst spricht und Kosinsky vor seinem Schicksal bewahren möchte.

Kosinskys Geschichte von Fürstenwillkür und dem Verlust der Geliebten

Kosinsky will den Hauptmann schließlich mit der Geschichte von seinem Schicksal umstimmen. Er, ein böhmischer Adeliger, habe nach dem Tod seines Vaters ein großes Rittergut geerbt und sich unsterblich in ein wunderschönes und tugendhaftes bürgerliches Mädchen verliebt, das seine Braut werden sollte. Aber als Folge einer hinterhältigen Intrige sei er ins Gefängnis geworfen worden. Nach seiner Entlassung einen Monat später sei seine Geliebte verschwunden gewesen. Schließlich habe er erfahren, dass ihr die Wahl gelassen worden sei, ihn entweder sterben zu sehen oder die Mätresse des Fürsten zu werden. Er habe den verantwortlichen Minister zur Rede stellen wollen, daraufhin sei er jedoch angeklagt und seiner Güter beraubt worden. Während die Räuber empört nach Rache rufen, weckt die Geschichte bei Karl Erinnerungen an seine Vergangenheit, denn Kosinskys Geliebte heißt ebenfalls Amalia. Nicht nur seine Gefühle für „seine" Amalia scheinen plötzlich wieder aufzuwallen, sondern er wird sich offenbar seiner Verantwortung für sie bewusst. Spontan beschließt er, mit der Bande nach Franken zum Schloss des Vaters zu ziehen.

Bedeutung der Szene

Karls Entschluss, nach Hause zurückzukehren, stellt einen Wendepunkt dar. Äußerer Auslöser ist das Auftreten Kosinskys und die Erinnerung an Amalia, jedoch denkt Karl schon zu Beginn der Szene wehmütig an sein altes Leben auf dem Schloss. Die Rückkehr in die Heimat scheint die Möglichkeit eines positiven Ausgangs zu eröffnen, doch ein anderes Ereignis in dieser Szene verbaut Karl endgültig den Weg zurück. Er kettet sich durch seinen Schwur für immer an die Räuberbande.

Karl am Wendepunkt (Szene III, 2)

Szenenbeginn
Stimmung: passiv, wehmütig, nostalgisch
Erkenntnis: Verlust der kindlichen Unschuld, Rückkehr ins „alte Leben" wegen der Verbrechen als Räuberhauptmann unmöglich

↓

Erneuerung der Bindung an die Räuberbande durch den fatalen Treueschwur

↓

Impuls von außen
Kosinskys Erzählung von der Fürstenwillkür und dem Verlust der Geliebten

↓

Szenenende
Karl erkennt die Parallelen zwischen Kosinskys Erzählung und seinem eigenen Leben.

↓

Stimmungswechsel: leidenschaftlich und aufgewühlt, aktiv
Beschluss: Rückkehr in die Heimat, um Amalia zu sehen

Vierter Akt

Erste Szene

Das Scheitern von Karls Lebensentwurf

Karl will im väterlichen Schloss unter einem falschen Namen, nämlich als Graf von Brand, vorstellig werden und Kosinsky soll die Rolle seines Reiterknechts spielen. Der Ort, an dem er seine Kindheit verbracht hat, erscheint Karl wie das Paradies. Schwärmerisch erinnert er sich an seine unschuldigen Knabenspiele und die völlige Sorglosigkeit seiner Jugendzeit. Jedoch muss er sich bald das endgültige Scheitern seines ursprünglichen Lebensplanes eingestehen, war ihm doch eigentlich eine Zukunft als geachteter Landesherr und glücklicher Familienvater bestimmt. Daher bereut Karl nun seinen Entschluss, zum Schloss zu kommen.

Karls Sehnsucht nach Amalia und seinem Vater

Zunächst möchte er umkehren, doch die Sehnsucht, Amalia und seinen Vater noch einmal zu sehen, hält ihn davon ab. Er hofft darauf, die Begegnung mit seinen Lieben als unbeschwerte Momente der Freude genießen zu können, in denen er nicht von dunklen Ahnungen und Schuldgefühlen gequält wird.

Bedeutung der Szene

Karl besucht das Schloss inkognito, sodass es noch nicht zu einer direkten Konfrontation mit Franz oder einer Aussprache mit Amalia kommen kann. Karl ist hin- und hergerissen zwischen der Sehnsucht nach der heilen Welt seiner Kinder- und Jugendzeit und dem Bewusstsein, dass eine Rückkehr dorthin für ihn nicht mehr möglich ist.

Zweite Szene

Karls Ergriffenheit bei der Betrachtung des Porträts seines Vaters

Amalia und Karl betrachten zusammen die Ahnengalerie im Schloss. Karl gibt vor, ein alter Freund des alten Grafen zu sein, und sucht nach dessen Gemälde. Erst jetzt erfährt Karl davon, dass sein Vater für tot gehalten wird. Als er das Bild seines Vaters entdeckt, ist er sichtlich gerührt und bittet ihn um Vergebung.

Amalias Gefühle für Karl

Als das Gespräch auf das Ableben des alten Moor kommt, zeigt sich, welchen Schatten der vermeintliche Tod von Karl auf Amalias Leben geworfen hat. Sie scheint sich an nichts mehr wirklich erfreuen zu können, da sie die Erfahrung gemacht hat, dass das irdische Glück keinen Bestand hat. Bei der Betrachtung von Karls Gemälde kommen ihr die Tränen, wodurch Karl bewusst wird, wie stark Amalias Gefühle für ihn sind.

Karls Ergriffenheit von Amalia

Karl ist tief bewegt von Amalias unverbrüchlicher Zuneigung und fühlt sich verantwortlich für den Tod des Vaters. Nachdem Amalia gegangen ist, wird Karl von seinen Emotionen überwältigt. Dies zeigt sich zum einen in seinen unzusammenhängenden, bruchstückhaften Äußerungen („Wie wird mir? Was ist das, Moor? Sei ein Mann! – – Todesschauer – – Schreckenahndung – –“, S. 95, 21 ff.) und zum anderen darin, dass er am Ende der Szene davonläuft.

Franz durchschaut Karls Täuschungsmanöver

Franz erscheint, in ein Selbstgespräch vertieft. Der Neuankömmling von Brand löst in ihm ein diffuses Unbehagen aus. Denn der Graf kommt Franz bekannt vor und er hat auch bemerkt, dass sich die keusche Amalia zu ihm hingezogen fühlt. Als er Karls Porträt betrachtet, wird ihm schlagartig bewusst, dass es sich bei ihrem Gast um seinen Bruder handeln muss.

Der Mordplan

Der Schock dieser Erkenntnis zeigt sich in zahlreichen Ausrufen. Franz befürchtet, seine raffinierten Intrigen und Pläne, bei denen er „gegen alle Instinkte der Menschheit“ (S. 97, Z. 34 f.) wie Vater- und Bruderliebe gehandelt hat, könnten nun durchkreuzt werden. Angesichts dessen sei eine Umkehr für ihn nicht mehr möglich. Dies scheint er jedoch nicht zu bedauern oder zu bereuen, sondern er folgert daraus, dass er weitere Verbrechen begehen muss, um sein Ziel zu erreichen.

Franz' Anfall von Paranoia

Dennoch handelt er nicht so gelassen und rational, wie er es sich selbst einredet. Als er sich von dem Diener Daniel einen Becher Wein bringen lässt, ist er in einem Anfall von

Verfolgungswahn überzeugt, der Wein sei vergiftet. Er denkt, Daniel, Amalia und sein Bruder hätten sich gegen ihn verschworen. Somit wird er Opfer seines eigenen Menschenbilds, da er anderen dieselbe Skrupellosigkeit unterstellt, mit der er selbst zu Werke geht.

Der Mordbefehl und Daniels Weigerung

Weil er glaubt, Karl habe versucht, sich seinem treuen Diener zu erkennen zu geben, forscht er bei Daniel nach. Er führt dem alten Diener dessen Abhängigkeit vor Augen. Daniel sichert Franz zu, ihm in allem zu gehorchen, was nicht „wider Gott und [s]ein Gewissen" (S. 100, Z. 11 f.) gehe. Der skrupellose Franz nimmt ihn jedoch nicht ernst und befiehlt Daniel, seinen Bruder Karl zu ermorden, schließlich sei ihm der alte Diener zu blindem Gehorsam verpflichtet. Franz lässt sich auch von den flehentlichen Bitten und Versprechungen Daniels nicht erweichen, droht damit, ihn verhungern und verdursten zu lassen, und zeigt ihm, dass er nur ein Objekt ohne eigene Willensfreiheit ist. Schließlich willigt Daniel zum Schein ein. Franz zeigt sich befriedigt darüber, den gottesfürchtigen Daniel vom rechten Weg abgebracht zu haben.

Franz' Rechtfertigung seines Mordbefehls

In einem Monolog rechtfertigt Franz seinen Mordbefehl, indem er jeglichen höheren Sinn der menschlichen Existenz negiert. Er vergleicht das menschliche Leben mit dem Waten in „Morast" (S. 102, Z. 39), aus dem jedes Leben entstehe und in den es schließlich zurückkehre. Triebhaftigkeit führe zum Geschlechtsakt und damit zur Entstehung neuen Lebens. Letztlich werde dieser Trieb meist durch Zufälle geweckt, an die Zeugung eines neuen Menschen werde bei einem solchen viehischen Akt kaum gedacht. Da die Entstehung eines menschlichen Lebens eine Trivialität sei, gelte dies auch für dessen Vernichtung. Franz verkörpert damit den aufgeklärten Menschen in einer extremen und pervertierten Form. In seinem materialistisch geprägten Weltbild kann es keine höhere, himmlische Gerechtigkeit geben, denn er lehnt alle Vorstellungen einer den Menschen übergeordneten göttlichen Instanz ab.

Bedeutung der Szene

Durch Karls Rückkehr zum Familiensitz werden die beiden Handlungsstränge des Dramas, die Räuberhandlung und die Schlosshandlung, zusammengeführt. Die Rückkehr des Bruders zwingt Franz zum Handeln und er ist bereit, neben dem Vatermord auch einen Brudermord zu begehen. Er hat sich aber für seinen Plan das falsche Werkzeug ausgesucht. Es wird sich herausstellen, dass Daniel an seinen moralischen Überzeugungen festhalten wird. In seinem Selbstgespräch offenbart sich Franz' nihilistische Weltsicht, jedoch zeigt seine unbegründete Furcht vor einem Mordanschlag, dass er seine kalkulierte und kühle Haltung nicht mehr vollständig aufrechterhalten kann.

Dritte Szene

Daniel öffnet sich Karl

Karl und Daniel begegnen sich im Schloss. Daniel bittet darum, Karl die Hand küssen zu dürfen, um sich zu vergewissern, dass es sich beim Grafen von Brand um den jungen Moor handelt. Dieser hat sich, wie Daniel später schildert, als Kind einmal eine Verletzung an der Hand zugefügt und eine Narbe davongetragen. Sichtlich ergriffen nennt Daniel ihn „Lieber, bester Karl" (S. 103, Z. 23) und *„fällt vor ihm nieder"* (S. 103, Z. 23). Karl ist zunächst bestürzt darüber, dass seine Tarnung aufgeflogen ist, und verleugnet seine wahre Identität. Daniel erinnert ihn jedoch an seinen Unfall als Kind. Viele Einschübe und Interjektionen („Schön, schön!", S. 103, Z. 26, „Lieber Gott!", S. 103, Z. 27, „– ei du himmlischer Vater!", S. 103, Z. 29) zeigen, wie aufgewühlt er ist. Denn seit Karls Kindheit hegt der alte Daniel eine tiefe Zuneigung zum jungen Moor, wenn dieser auch zuweilen über die Stränge geschlagen hat. Gerührt gibt Karl sich ihm zu erkennen und drängt ihm ein wertvolles Geschenk auf.

Karl erfährt von Franz' Intrige

Von Daniel erfährt Karl, dass sein Bruder seinem Vater und Amalia seinen Tod vorgespielt hat. Der Diener berichtet außerdem von Amalias tiefer Trauer und ihrer standhaften Abwehr von Franz' Annäherungsversuchen. Karl verbietet Daniel, seine wahre Identität zu enthüllen. Daniel erinnert sich an Franz' Drohungen, wodurch seine euphorische Stimmung gedämpft wird. In gemurmelten, bruchstückhaften Andeutungen lässt er durchblicken, dass Karls „Wiederauferstehung" die Pläne seines „garstige[n]" (S. 106, Z. 18) Bruders durchkreuze. Er bekundet jedoch auch seine Entschlossenheit, lieber elend umzukommen als sein Seelenheil durch einen Mord zu gefährden.

Karls Zorn über Franz und sich selbst

Nachdem der Diener gegangen ist, beginnt Karl zu toben. Er ist außer sich vor Empörung, was sich im folgenden Monolog in zahlreichen Interjektionen und Wiederholungen widerspiegelt („Spitzbübische Künste! Himmel und Hölle! Nicht du, Vater! Spitzbübische Künste! Mörder, Räuber durch spitzbübische Künste", S. 106, Z. 34 ff.). Zum einen prangert er die Niedertracht seines Bruders an, zum anderen zürnt er sich selbst. Hätte er seinen liebenden Vater um Verzeihung gebeten, hätte sein Leben eine andere, glücklichere Wendung genommen. Als Kosinsky erscheint, ist er sichtlich irritiert über Karls Unentschlossenheit. Dieser ist hin- und hergerissen zwischen dem Wunsch, das Schloss aus Abscheu vor seinem Bruder sofort zu verlassen, und dem Bedürfnis, Amalia zu sehen.

Bedeutung der Szene

Daniel hat ein vertrautes Verhältnis zu Karl und durch dessen liebevolle Schilderung von Karl als jungem Knaben werden auch die Zuschauer für den Räuber Moor eingenommen. Jedoch deutet Daniel zugleich eine gewisse Wildheit der Jugendzeit Karls an. Überraschend ist, dass Karl nach Daniels Enthüllungen noch nicht auf Rache sinnt, sondern das Schloss verlassen will, was die Katastrophe noch weiter hinauszögert.

Vierte Szene

Amalias Gefühle für den Grafen

Amalia sitzt allein im Garten. Sie ist verwirrt und bestürzt darüber, dass sie so starke Gefühle für den Grafen von Brand empfindet, während sie doch Karl ewige Treue geschworen hat. Als der falsche Graf den Garten betritt, stürzt er Amalia in einen seelischen Konflikt, was auch an ihrer Sprache erkennbar ist. In Ausrufen und bruchstückhaften Sätzen bittet sie zunächst um göttliche Hilfe, danach fleht sie den tot geglaubten Karl um seinen Schutz an. Wieder zeigt sich, dass Amalia Karl buchstäblich vergöttert und stark idealisiert. Karl möchte wissen, weswegen sie weint. Amalia preist daraufhin ihren tot geglabuten Geliebten und räumt ein, dass der Graf diesem ähnlich sehe. Ihr Geliebter sei zahlreichen bedrohlichen Situationen in fernen, lebensfeindlichen Regionen ausgesetzt, jedoch werde er stets von ihrer Liebe beschützt. Nach ihrer Gefangenschaft im irdischen Leben würden sie im Paradies vereint sein. Amalia ist bestürzt über ihre eifersüchtige Reaktion, als Karl ihr sagt, er fühle sich an seine eigene Liebe erinnert. Die Beschreibung seiner Geliebten und ihres Verhaltens stimmt genau mit Amalia und ihrer Geschichte überein, überdies heißt die Geliebte auch Amalia.

Amalias Nicht-Erkennen der Identität Karls

Dennoch vermag diese nicht, Graf von Brand als Karl zu erkennen. Da sie nicht erahnt, in welche Schuld sich Karl mittlerweile verstrickt hat, kann sie eine weitere Parallele zwischen sich und der „Amalia" des Grafen nicht herstellen. Diese ist laut Karl nämlich ein „unglückliches Mädchen" (S. 110, Z. 13f.), das einen Schurken und Mörder liebt. Amalia sieht sich jedoch als „glückliches Mädchen" (S. 110, Z. 20f.), da sie glaubt, ihr Geliebter könnte nie eine Gewalttat begehen. Karl reagiert darauf betroffen. Amalia führt das Lied der Andromache fort, das sie schon in Szene II, 2 gesungen hat. Andromache bittet darin Hektor erneut, nicht in den Kampf zu ziehen und an ihren kleinen Sohn zu denken. Karl führt das Lied als Hektor weiter. Hektor lässt sich von Andromache nicht umstimmen und macht sich für den Kampf bereit. Indem Karl das Lied weitersingt, gibt er sich zu erkennen, bevor er aus der Situation entflieht.

Amalias Lieder und ihre Funktion

Hektor-Lied *(Szenen II, 2/IV, 4)* Andromache beklagt Aufbruch des Helden Hektor zum Duell mit Achilles. *Lied über einen namenlosen germanischen Helden* *(Szene III, 1)* Klage über den Tod eines heldenhaften Jünglings aus Sicht der leidenden Geliebten	→	Ausdruck von Amalias Gefühlswelt Versuch, das eigene Schicksal zu deuten Vergewisserung ihrer ewigen Liebe Heroisierung des mutmaßlich toten Karls

Bedeutung der Szene

Trotz Karls Täuschungsmanöver spürt Amalia instinktiv, dass der Fremde ihr Geliebter Karl ist, da sie sich zu dem Grafen von Brandt stark hingezogen fühlt. Karl hingegen wird klar, dass es für sie keine gemeinsame Zukunft gibt.

Fünfte Szene

Das Räuberlied

Die Räuber lagern in einem beim Schloss gelegenen Wald und singen ein Lied, in dem sie das brutale Räuberleben verherrlichen und ihre Schandtaten auf sehr drastische Weise schildern.

Das Räuberlied und seine Funktion

Räuberlied (Szene V, 1) Die Räuber prahlen mit ihren Verbrechen. Motive: Nervenkitzel, Zeitvertreib, Sichberauschen an der Gewalt	→	Die Räuber entlarven sich selbst als moralisch verkommene Subjekte. Scheitern von Karls Utopie wird deutlich.

Spiegelbergs Attentatsversuch und seine Ermordung

Die Bande macht sich Sorgen, da ihr Hauptmann immer noch nicht zurückgekehrt ist. Spiegelberg will Razmann gegen Karl aufhetzen und ihn anstiften, diesen zu ermorden. Daraufhin wird jedoch Spiegelberg von Schweizer erstochen, Spiegelbergs Helfer Razmann wird davongejagt.

Karls Rückkehr

Als Karl und Kosinsky zurückkehren, überbringt Schweizer Karl die Nachricht von Spiegelbergs Tod, wobei er versucht sich zu erklären, da er die Missbilligung seiner Tat durch den Hauptmann zu fürchten scheint. Karl sieht es als schicksalhafte Fügung, dass Spiegelberg, der ihn einst zum Räuberleben verführt hat, nun tot ist. Dennoch gibt er Schweizer zu verstehen, dass er die Tötung von Spiegelberg nicht gutheißt, da er aus dem Kreislauf von Rache und Gewalt ausbrechen möchte.

Karls Todessehnsucht

Karl sieht sein eigenes Ende nahen. Um sich zu sammeln, spielt er ein Lied. In diesem erscheint Cäsars Geist seinem Ziehsohn und Mörder Brutus vor der Schlacht bei Philippi, in der Brutus schließlich umkommt. Die Motive Vatermord und Verrat lassen sich eindeutig mit Karls Schicksal in Verbindung bringen.[1]

Karl ist hin- und hergerissen zwischen Todessehnsucht und Furcht vor dem Tod. Dies ist auch an seinen körperlichen

[1] Brutus war an Cäsars Ermordung 44 v. Chr. beteiligt. In der Schlacht bei Philippi 42 v. Chr. wurden Brutus und die Anhänger der Republik von Marcus Antonius und Octavian besiegt.

Reaktionen abzulesen. Er hält sich mehrmals seine Pistole an den Kopf, da er fühlt, dass er vom Leben nichts mehr zu erwarten hat und seine Situation ausweglos ist. Jedoch scheint ihm der Gedanke, für seine Taten nach seinem Tod zur Rechenschaft gezogen zu werden, Angst einzuflößen. Dies will er sich aber nicht eingestehen, da er *„heftig zitternd"* (S. 117, Z. 26) behauptet: „Geister meiner Erwürgten! Ich werde nicht zittern" (S. 117, Z. 25f.).

Dirk Lange als Karl Moor in der „Räuber"-Inszenierung von Petra Wüllenweber bei den Luisenburg-Festspielen Wunsiedel 2008. Foto: Bessermann

Karl spricht in seinem Monolog ein „namenloses Jenseits" (S. 118, Z. 9) direkt an, wobei er den Verlust seiner Identität durch den Tod als größte Angst benennt. Zunächst erachtet er den Freitod als Möglichkeit des selbstbestimmten Handelns und somit als eine Art, sich gegenüber dem Schicksal zu behaupten. Allerdings erkennt er, dass es feige wäre, diesen Ausweg zu wählen, und er beschließt, sein Leben zu erdulden.

Die Befreiung des alten Moor

Hermann erscheint, um dem in einem Turm gefangen gehaltenen alten Moor heimlich Essen zu bringen. Dabei wird er von Karl ertappt und zur Rede gestellt, worauf er mit panischer Angst reagiert. Als Karl bemerkt, dass jemand im

Turm festgehalten wird, befreit er den Gefangenen. Karl hält die ausgemergelte Gestalt zunächst für den Geist seines Vaters. Doch der alte Moor erzählt Karl seine Leidensgeschichte. Er sei trotz flehentlicher Bitten von seinem Sohn Franz in der Familiengruft eingeschlossen worden, als dieser bemerkt habe, dass der tot geglaubte Vater nur ohnmächtig gewesen sei. Seit drei Monaten versorge Hermann ihn heimlich mit Nahrung. Der alte Moor sieht jedoch sein Leiden als Strafe für seine vermeintliche Schuld an Karls Tod an.

Karls Racheschwur

Karl ist außer sich, schwört seinem Bruder furchtbare Rache und befiehlt seinen Räubern, ihn dabei zu unterstützen. Schweizer wird von Karl besonders ausgezeichnet. Ihm kommt die ehrenvolle Aufgabe zu, Franz herbeizuschaffen. Er wird jedoch mit Nachdruck darauf hingewiesen, dass Karl seinen Bruder lebend in seine Gewalt bekommen möchte.

Bedeutung der Szene

Das Wiedersehen mit dem Vater stellt einen entscheidenden Wendepunkt dar. Statt wie geplant das Schloss zu verlassen und seinen Bruder Franz zu schonen, beschließt Karl Rache zu üben, nachdem er die schreckliche Leidensgeschichte seines Vaters gehört hat.

Fünfter Akt

Erste Szene

Franz' Wahnvorstellungen

Die Szene spielt in einem Korridor im Schloss. Wegen Franz' Mordbefehl will Daniel sich aus dem Schloss stehlen, doch auf dem Gang begegnet er seinem Herrn. Der stets kühl wirkende Rationalist wird von seiner Angst buchstäblich um den Verstand gebracht und spricht wie im Fieberwahn. Zum einen scheinen ihn seine Taten zu verfolgen, denn er glaubt, dass die Toten ihn heimsuchen. Zum anderen fürchtet er sich vor Karls Rache. Er, der Religiosität stets als Aberglaube abgetan hat, verlangt jetzt nach einem Priester.

Der Traum vom Jüngsten Gericht

Franz erzählt seinem Diener von einem Traum, der ihm große Angst bereitet: Ein apokalyptisches Szenario kündigt das Jüngste Gericht an. Über Franz wird gerichtet, seine zahlreichen schweren Sünden werden in eine Waagschale geworfen. Was schließlich zum Kippen der Waage und zu seiner ewigen Verdammnis führt, ist das Verbrechen, das er an seinem Vater begangen hat. Franz selbst spricht hier nur von einem „alte[n] Mann, schwer gebeugt von Gram" (S. 129, Z. 3f.). Er hofft, dass Daniel diesen Traum als Unsinn abtut, doch diesen schaudert es, da er glaubt, Träume seien Zeichen Gottes. Daniel geht und holt den Pastor.

Franz' Zweifel an seiner Philosophie

Franz kommen Zweifel an seiner Weltanschauung, was sich in den zahlreichen Fragen und Antithesen im folgenden Monolog widerspiegelt. So zweifelt er an seinem radikalen Atheismus und stellt die Frage „Rächet denn droben über den Sternen einer?" (S. 129, Z. 28), die er zunächst mit „[n]ein, nein" (S. 129, Z. 29), gleich darauf jedoch mit „[j]a, ja" (S. 129, Z. 29) beantwortet. Für ihn hat die Aussicht, dass Gott existiert (vgl. S. 129, Z. 33), nichts Tröstliches. Er fürchtet eine jenseitige Gerechtigkeit, vor der er womöglich noch in derselben Nacht Rechenschaft ablegen muss.

Streitgespräch mit dem Pastor

Pastor Moser trifft ein und zeigt sich überrascht, dass Franz ihn sehen will, hat er ihn doch bisher nur als spottenden Atheisten gekannt. Franz gibt vor, er suche zu seinem Amüsement ein Streitgespräch mit dem Pastor über die Existenz Gottes, wobei er sicher sei zu gewinnen. Er versucht, seine Verunsicherung hinter zynischem Spott zu verbergen. Wortreich erklärt er, dass das menschliche Leben an die Materie, den Körper, gebunden sei. Es gebe nichts Immaterielles, was den Tod des Körpers überdauern würde. Der Pastor nennt dies Franz' „Philosophie [der] Verzweiflung" (S. 131, Z. 20), die er sich aus Angst davor, für seine Taten von einer höheren Instanz zur Rechenschaft gezogen zu werden, zurechtgelegt habe. Wenn er jedoch einmal dem

Tod ins Auge sehen wird, werde er diese Selbsttäuschung nicht mehr aufrechterhalten und sich dem göttlichen Gericht nicht entziehen können. Während Franz sich zu Beginn des Gesprächs souverän gibt und seine Argumente beredt vorträgt, beginnt seine Fassade mehr und mehr zu bröckeln. Er argumentiert nicht mehr, seine Redebeiträge bestehen meist nur aus einigen Wörtern oder Sätzen, in denen er die Behauptungen des Pastors einfach abtut („Pfaffengewäsche", S. 132, Z. 16f.) oder ihm droht und ihn beleidigt („Dass dich der Donner stumm mache, Lügengeist du!", S. 133, Z. 12f.). Schließlich spitzt Franz den Dialog auf die Frage zu, welche Sünde er begehen müsse, um Gott zur Auslöschung seiner unsterblichen Seele zu bringen. Auf die Auskunft des Pastors, dass Vatermord und Brudermord die schrecklichsten Vergehen seien, reagiert Franz entsetzt. Daraufhin versucht Moser, der von Franz' Intrigen und Verbrechen nichts weiß, ihn zu beruhigen. Verwünschungen ausstoßend schickt Franz den Pastor weg. Ironisch fragt dieser, wie ein Pastor einen „Philosophen" (S. 134, Z. 21) wie Franz verunsichern könne, und geht.

Franz' Selbstmord

Ein Bediensteter meldet das Verschwinden von Amalia und des Grafen von Brand. Als Daniel verkündet, eine Reitertruppe überfalle das Dorf, passiert das, was der Pastor vorhergesagt hat: Im Angesicht der existenziellen Bedrohung sucht Franz sein Heil in der Religion. Er beginnt zu beten, verspricht gute Werke und ruft nach dem Beichtvater. Doch als die Räuber schon auf der Gasse zu hören sind, erkennt Franz, dass er nicht in der Lage ist, zu beten. Sein Inneres ist „öd" und „verdorret" (S. 136, Z. 5). Er trägt Daniel auf, ihn mit dem Degen zu erstechen, damit er den Räubern nicht lebend in die Hände falle, Daniel jedoch flieht. Schließlich erdrosselt sich Franz, dem Wahnsinn nah, selbst. Als Schweizer den toten Franz findet, erschießt er sich, da er den Auftrag des Hauptmanns, ihm Franz lebend zu bringen, nicht ausführen kann.

Die Franz-Handlung endet in der Katastrophe. Franz hat sich durch seinen Selbstmord einer Bestrafung seiner Verbrechen entzogen. Bei ihm ist kein echtes Reuegefühl spürbar. Er ist durch seine bewusste Abkehr von Gott unrettbar verloren.

Bedeutung der Szene

Zweite Szene

Die letzte Szene des Stückes spielt wiederum im Wald, vor dem Turm, in dem der alte Moor gefangen gehalten worden ist. Karl wartet ungeduldig darauf, dass ihm Schweizer seinen Bruder Franz herbeischafft. Der alte Moor, der seinen ältesten Sohn immer noch nicht erkannt hat, fleht Karl um Gnade für Franz an. Er sieht seine Misshandlung durch Franz als gerechte Strafe Gottes für das, was er Karl angetan hat, und will seinem Peiniger deshalb verzeihen. Er hofft, von seinem tot geglaubten Sohn Karl Vergebung zu erlangen, es wird wie in Szene I, 1 das Gleichnis vom verlorenen Sohn zitiert. Der Vater sieht sich jedoch in der Rolle des um Verzeihung Bittenden und sagt: „Ich hab gesündigt im Himmel und vor dir. Ich bin nicht wert, dass du mich Vater nennst." (S. 137, Z. 33 ff.)

Bitte des alten Moor um Gnade für Franz

Karl ringt mit sich, ob er seinem Vater seine wahre Identität enthüllen soll. Er entscheidet sich aber dagegen und bittet den alten Moor, ihn für seine Befreiung aus dem Kerker zu segnen. Nach der väterlichen Segnung und einem Kuss schwindet Karls glühender Wunsch nach Rache. Hat er sich Schweizers Rückkehr mit Franz in seiner Gewalt eben noch herbeigesehnt, fürchtet er sie jetzt. Als Grimm und Schwarz auf ihn zukommen, leugnet er, sie zu kennen.

Der Segen des Vaters und Karls schwindendes Rachebedürfnis

Als die beiden ihm die Nachricht von Schweizers Tod und Franz' Selbstmord überbringen, zeigt er sich erleichtert. *„[F]roh emporhüpfend"* (S. 140, Z. 10) denkt er, ein Neuanfang sei möglich, da er nicht die Schuld eines Brudermords auf sich geladen hat. Doch dieses Hochgefühl währt nicht lange.

Karls Erleichterung über Franz' Selbstmord

Die Preisgabe von Karls Identität und der Tod des alten Moor

Als Amalia erscheint und außer sich vor Glück den alten Moor und Karl umarmt, stößt er sie von sich. In unzusammenhängenden Sätzen voller Ausrufe, in denen sich seine Aufgewühltheit und Verzweiflung widerspiegeln, erklärt er dem alten Moor und Amalia, dass es für sie alle keine Rettung gebe. Er gesteht den beiden, dass er Karl ist und der Hauptmann einer Bande von Räubern und Mördern. Dabei nimmt er sogar in Kauf, dass sein Vater diese Enthüllung nicht überleben wird, und so gibt der geschwächte alte Graf *„seinen Geist auf"* (S. 141, Z. 16). Karl erkennt, dass die „Wonne der Liebe" (S. 141, Z. 26), eine glückliche Vereinigung mit Amalia, für einen Mörder und Verbrecher wie ihn nicht erreichbar sei. Amalia zeigt sich zutiefst verstört von diesem Geständnis. Auch Karl ist erschüttert, will seine Gefühle jedoch verdrängen. „[E]in Weib" (S. 141, Z. 35) könne ihn, der schon so oft dem Tod ins Auge geblickt habe, nicht aus der Bahn werfen. „Blut muss ich saufen" (S. 141, Z. 36 f.), ruft er aus. Mord und Totschlag würden ihn bald von seinen Gefühlen für Amalia ablenken.

Amalias Liebe als Rettungsanker

Als Amalia ihm zeigt, dass sie ihn trotzdem liebt, schöpft Karl nach anfänglichen Zweifeln an der Echtheit ihrer Gefühle neue Hoffnung. *„[A]ufblühend in ekstatischer Wonne"* (S. 142, Z. 12) sieht er in Amalia die Retterin seines Seelenfriedens und umarmt sie beglückt. Doch dieses Glück währt nicht lange, denn die Räuber bezichtigen ihn des Verrats.

Verzicht auf eine Zukunft mit Amalia als Opfer für die Bande

Sie erinnern Karl an ihre erbrachten Opfer und an seinen Treueschwur und verlangen von ihm, eine Zukunft mit Amalia der Bande zu opfern. Resigniert erkennt Karl, dass es für einen „große[n] Sünder" (S. 143, Z. 13) wie ihn keinen Weg zurück gibt. Zwar wollte er umkehren und „zu [s]einem Vater gehn" (S. 143, Z. 10), wobei hier die Rückkehr zu seinem leiblichen wie zu seinem himmlischen Vater gemeint ist. Weil er sich jedoch zuvor bewusst von Gott abgewandt hat, ist ihm jetzt die Rückkehr in seinen Schoß verwehrt. Als Karl mit seiner Bande aufbrechen will, hält

Amalia ihn zurück und bittet ihn, den „Meister im Morden" (S. 143, Z. 35), ihrem Leben ein Ende zu setzen. Da Karl sich weigert, fleht sie die Räuber an, sie zu töten. Als auch von diesen keiner dazu bereit ist, droht sie, Selbstmord zu begehen. Schließlich zielt einer der Räuber auf sie, doch Karl tötet sie mit den Worten: „Moors Geliebte soll nur durch Moor sterben!" (S. 144, Z. 12f.) Die Räuber zeigen sich geschockt über Karls ebenso anmaßende wie abscheuliche Tat. Karl verkündet den Räubern, er habe ihnen „einen Engel geschlachtet" (S. 144, Z. 21) und sich mit diesem ungeheuren Opfer von der Bande freigekauft.

Tod Amalias durch Karl

Nach dieser Bluttat erkennt Karl, dass sein Ansinnen, mit Gewalt Gerechtigkeit herzustellen, eine schreckliche Anmaßung war. Um die durch ihn gestörte sittliche Ordnung wiederherzustellen, will er sich selbst opfern. Die Räuber glauben, Karl wolle sich selbst töten, doch er weist sie zurecht. Da der Selbstmord eine Todsünde sei, könne dadurch die „Harmonie der Welt" (S. 145, Z. 34) nicht wiederhergestellt werden. Er wolle sich vielmehr der Justiz ausliefern. Mit der Ankündigung, er wolle einen armen Tagelöhner das auf ihn ausgesetzte Kopfgeld verdienen lassen, geht er davon.

Karls Reue

Das Stück endet mit der Auslöschung der Familie Moor. Sowohl die Franz- als auch die Karl-Handlung enden in der Katastrophe, beide Brüder scheitern. Im Gegensatz zu Franz erfährt Karl hingegen eine Art Läuterung. Er erkennt, dass die sittliche Ordnung für alle Menschen, auch für ihn, bindend ist. Sich über sie zu stellen, egal aus welchem Grund, ist Frevel. Dies könnte als eine Art moralische Lehre gewertet werden, jedoch bietet Schiller keinen Gegenentwurf, wie die tatsächlich existierenden gesellschaftlichen Missstände behoben werden könnten.

Bedeutung der Szene

Hintergründe

Der historische Kontext

Das „Räuberproblem" im 18. Jahrhundert

In der zweiten Hälfte des 18. Jahrhunderts und zu Beginn des 19. Jahrhunderts stellten Räuberbanden ein ernstes soziales Problem dar. Die Räuber bildeten verschworene Gemeinschaften, die von einem Hauptmann autoritär geführt wurden. Die Bandenmitglieder rekrutierten sich vor allem aus unter- und außerständischen Bevölkerungsgruppen einer ständisch gegliederten Gesellschaft, in der im Allgemeinen die Geburt und damit der soziale Rang der Eltern die Stellung des Einzelnen bestimmten. Zu diesen Gruppen zählten unehrliche beziehungsweise unreine Berufe wie Schäfer und Müller, Totengräber und Scharfrichter, außerdem Angehörige des „fahrenden Volkes" wie Lumpensammler, Spielleute oder Kesselflicker. Diese hatten keinen Platz in der Gesellschaft und waren daher zum Umherwandern gezwungen. Neben Betrügereien, Diebstählen und Wilderei schreckten die Banditen vor Gewaltverbrechen wie Raubüberfällen und Mord nicht zurück.

Legendäre Räuber

Ein bekannter Hauptmann, auf dessen Biografie Schiller sich bei der Arbeit am Drama „Die Räuber" stützte, war der „Sonnenwirt", der mit seiner Bande Schwaben unsicher machte, bis er von den Behörden gefasst und 1761 hingerichtet wurde. Ebenfalls berühmt wurde der „Schinderhannes", ein 1783 geborener Verbrecher, der mit seiner Bande im Rheinland sein Unwesen trieb. Die wilden, unerschlossenen Wälder des Hunsrück stellten ihr Rückzugsgebiet dar. Der „Schinderhannes" wurde 1802 gefasst und 1803 in Mainz hingerichtet.

Gunstfaktoren für die Entwicklung des Bandenwesens

Lange Zeit erschwerte die Zersplitterung Deutschlands die Verfolgung der Banden, die bei Gefahr in ein benachbartes Territorium überwechseln konnten. Denn die einzelnen Landesherren – zu denen auch die regierenden Grafen zählten – herrschten weitgehend souverän über ihre Territorien. Unterzuordnen hatten sie sich nur dem Kaiser als dem Oberhaupt des „Heiligen Römischen Reiches Deutscher Nation". Dessen Machtmittel waren jedoch gering. Das Bandenwesen wurde zudem dadurch begünstigt, dass es zu dieser Zeit in den Alpen und in den deutschen Mittelgebirgen – Schillers Drama spielt in den böhmischen Wäldern – noch dünn besiedelte und schlecht erschlossene Regionen gab, in denen die Banditen Unterschlupf finden konnten.

Rückgang des Bandenwesens im 19. Jahrhundert

Im 19. Jahrhundert verlor das „Räuberproblem" an Bedeutung. Ursache hierfür waren Veränderungen, die auf den Einfluss des napoleonischen Frankreich zurückgehen. Erstens reduzierte sich die Zahl der souveränen Territorien in Deutschland infolge des Reichsdeputationshauptschlusses von 1803; zweitens wurden in den verbliebenen größeren Staaten die Verwaltungen nach französischem Vorbild – und dabei aufgeklärten Ideen folgend – modernisiert, wodurch eine effizientere Polizeiarbeit möglich wurde. So wurde in Staaten wie Preußen und Bayern zu Beginn des 19. Jahrhunderts eine Landespolizei („Gendarmerie") aufgebaut, die die öffentliche Sicherheit und Ordnung überall garantieren sollte. Dies geschah zulasten der Grundherren, die vorher auf ihren Gütern die Polizeigewalt besessen hatten.

Räuberromantik und bürgerliche Gesellschaft

Das Schicksal der kriminellen Außenseiter faszinierte viele Zeitgenossen, die von der scheinbaren Romantik und Ungebundenheit des freien Räuberlebens angetan waren. Die Räuberwelt verklärten sie zum Gegenbild der als eng empfundenen Bürgerwelt, die mit Konventionalität, Rationalismus, Nützlichkeitsdenken und Unterdrückung von Gefühlen verbunden wurde. Die entstehende bürgerliche Gesellschaft wurde auf diese Weise von innen kritisiert. Dieses Bürgertum hatte trotz seiner politischen Ohnmacht aufgrund der territorialen Zersplitterung und wirtschaftlichen

Unterentwicklung Deutschlands im 18. Jahrhundert erheblich an Selbstbewusstsein gewonnen.

Die Bedeutung der Aufklärung

Dabei konnten sich die Bürger auf die Philosophie der Aufklärung stützen, die stark von dem Königsberger Philosophen Immanuel Kant (1724–1804) geprägt wurde. Er betrachtete den Menschen als vernunftbegabtes Wesen, der seinen Verstand gebrauchen sollte, um sich von Abhängigkeiten und Vorurteilen zu befreien und Selbstbestimmung zu erreichen. Sein berühmter „kategorischer Imperativ" forderte die Menschen auf, ihre Handlungen auf deren ethische Vertretbarkeit hin zu prüfen. Zunehmend verbreitete sich die Vorstellung, dass moralisches und vernünftiges Handeln, Bildung und wirtschaftlicher Erfolg den Stellenwert des Einzelnen in der Gesellschaft bestimmen sollten.

Aufgeklärte Kritik am Adel und der Kirche

Mit diesen Wertvorstellungen grenzte das Bürgertum sich vom Adel und von der höfischen Gesellschaft ab. Das lasterhafte und ritualisierte Hofleben mit seiner Günstlingswirtschaft und Korruption, seiner Galanterie und Vergnügungssucht wurde abgelehnt, schließlich entstanden dadurch erhebliche materielle Belastungen für die einfache Bevölkerung. Wer so „unvernünftig" herrschte, dessen Herrschaft konnte nicht von Gott legitimiert sein! Damit war die Jahrhunderte alte Tradition des Gottesgnadentums infrage gestellt. Kritisiert wurde ferner, dass die Kirche mit der weltlichen Obrigkeit in zu enger Verbindung stand, Missstände verschleierte und die ständische Gliederung als gottgegeben hinstellte. Aber auch weil zwischen Vernunft und Glauben ein intellektuelles Spannungsverhältnis besteht, richtete sich die aufgeklärte Kritik gegen die Kirche, die damals mit ihren Traditionen und Wertvorstellungen das Leben der Menschen viel stärker beeinflusste und kontrollierte als heute. Stattdessen forderten die Aufklärer Toleranz, Religionsfreiheit und die Trennung von Staat und Kirche. Ausdruck dieser Kirchenkritik ist Schillers Gestaltung des Paters im Drama „Die Räuber". Wie sowohl seine historischen Schriften als auch das Drama „Don Carlos" zeigen, war der protestantisch geprägte Autor ein entschiedener Kritiker des Katholizismus. So bemängelte er die Vermischung von geistlicher und weltlicher Macht, die sich seit dem Mittelalter herausgebildet hatte. Dadurch konnten religiöse Inhalte und Praktiken zum Zwecke der Sicherung und Rechtfertigung politischer Herrschaft missbraucht werden, was nach Ansicht Schillers nicht mit der Idee der Gewissensfreiheit vereinbar war und somit den Zielen der Aufklärung entgegenstand.

Lebensstationen und Themen des jungen Schiller

Der junge Schiller (gemalt von A. W. Tischbein, 1783)

Schillers Kindheit

Friedrich Schiller wurde am 10. November 1759 in Marbach am Neckar im damaligen Herzogtum Württemberg geboren. Sein Vater Johann Kaspar (1723–1796) stand in Diensten von Herzog Carl Eugen (1728–1793). 1763 wurde er als Werbeoffizier nach Schwäbisch Gmünd versetzt, wo Friedrich Schiller seine Kindheit verbrachte. Das Familienleben wurde von dem autoritären Vater beherrscht, dessen Handeln von Pflichtbewusstsein, Ordnungssinn und Rechtschaffenheit geleitet wurde. Dass der junge Schiller diese patriarchalische Ordnung durchaus verinnerlicht hatte, zeigt sich im Drama „Die Räuber", wo deren Zerrüttung eine Katastrophe nach sich zieht. Ende 1766 siedelte die Familie schließlich in die Residenzstadt Ludwigsburg um, wo Schiller 1772 die Lateinschule abschloss.

Studium an der Karlsschule

Trotz seines Interesses für die Theologie musste Schiller ein Jurastudium beginnen. Schuld daran war sein „Landesvater" Carl Eugen, der den begabten Jungen an seine neu gegründete Karlsschule beorderte. Diese Reformmaßnahme zielte darauf ab, eine neue Funktionselite „heranzuzüchten", die nur dem Herzog persönlich verpflichtet war. Carl Eugen betrachtete sich als väterliches Oberhaupt seiner Zöglinge und besuchte die Kaderschmiede regelmäßig. Dass der junge Schiller fürstliche Macht persönlich und aus nächster Nähe erlebt hatte, ist für das Verständnis seiner Person und seines Frühwerks äußerst wichtig. Zwar war er ein begabter und fleißiger Student mit einem großen Leseeifer. Innerlich lehnte er sich aber gegen das herrschende System aus Unterordnung und Disziplin, gegen den Uniformzwang und die Abschottung nach außen auf. Die mit romantischen Zügen versehene Räuberwelt bildete für ihn folglich einen Gegenpol zur eigenen Erfahrungswelt.

Philosophie der Aufklärung

Schillers Abscheu gegen die herzogliche Zwangsherrschaft und die alltägliche schulische Unterdrückung verstärkte sich durch seine Lektüre der Staatsrechtslehren der Aufklärung. Philosophen wie Jean-Jacques Rousseau (1712–1778) oder Voltaire (1694–1778), aber auch der antike griechische Schriftsteller Plutarch (45–um 125) lieferten dem jungen Studenten politische Begründungen für seine Empörung. Über Plutarch wurde er einerseits mit der Biografie großer antiker Staatsmänner bekannt, andererseits erhielt er so Einblick in die Staatslehre der Antike und die republikanische Gedankenwelt. Die Lektüre von Rousseau machte Schiller mit dem Konzept der Menschenrechte sowie mit dessen Gesellschaftsvertrag vertraut. Diese Idee entzog despotischen Herrschaftsformen wie dem Absolutismus mit seinem angeblichen Gottesgnadentum die Legitimation und setzte an ihre Stelle die Annahme eines Gemeinwillens. Dieser wiederum bildet die Grundlage für den sogenannten Gesellschaftsvertrag, der die Freiheit, die der Mensch im Naturzustand hatte, in einer entstehenden Gesellschaft garantieren soll. In seinem Erstlingswerk hat Schiller die Figur Karl auf Grundlage von Rousseaus Ideen gestaltet: Karl flieht vor der Gesellschaft, die ihn in seinem Freiheitsdrang einengt, in die böhmischen Wälder, wo er hofft, ein Leben im Naturzustand führen zu können. Anhand der Figur des Despoten Franz beleuchtet der Autor die Problematik einer fehlgeleiteten Aufklärung („instrumentelle Vernunft"), die glaubt, ohne moralische Werte auszukommen.

Literarische Einflüsse: Empfindsamkeit und Sturm und Drang

Während seiner Zeit an der Karlsschule verschlang Schiller geradezu die verbotene schöngeistige Literatur. Zunächst begeisterte er sich für Friedrich Gottlieb Klopstock (1724–1803). Dieser hatte sich mit seinem Epos „Messias" nicht einfach die Wiedergabe religiöser Erzählungen zum Ziel gesetzt, sondern deren poetische Überformung. Der Gedanke, dass die religiösen Überlieferungen durch den Dichter gewissermaßen noch verbessert werden können, zeugte im 18. Jahrhundert von großem Selbstbewusstsein. Klopstock war gerade bei der Jugend erfolgreich, weil er eine Sprache für Gefühle und Leidenschaften fand. Mit seinem empfindsamen und schwärmerischen Stil grenzte er sich von der oft betulichen, schulmeisterlichen Literatur der früheren Aufklärung ab, für die Dichtung menschliche Leidenschaften mäßigen sollte und nach „vernünftigen" Regeln zu funktionieren hatte. In Schillers Drama begegnet uns mit Amalia dann auch eine Figur, die das Ideal der empfindsamen Liebe verkörpert.

Der Geniebegriff

Später fand Schiller großen Gefallen an den Werken des Sturm und Drang. Im Zentrum dieser Bewegung stand der Geniebegriff. Das schöpferische, tatkräftige und emotionale „Genie" war für Schiller und viele seiner Zeitgenossen ein

Kampfbegriff gegen eine als erstarrt wahrgenommene Ordnung, die geprägt war von Konventionen, Anpassungszwang, Unterwürfigkeit sowie den Zwängen des Erwerbslebens. Damit bot diese Ordnung den Gefühlen und dem Erleben des Einzelnen zu wenig Raum. Der Sturm und Drang ergänzte und modifizierte den „trockenen" Vernunftbegriff der Aufklärung. An die Stelle einer allgemeingültigen Vernunft trat die individuelle Vernunft, die sich auf das Einzigartige im Menschen konzentrierte. Als die vollkommenste Verkörperung des Genies galt der britische Dramatiker Shakespeare (1564–1616), da er sich nicht an überkommene Regeln gehalten, sondern eigene gesetzt hat.

Karl als „Selbsthelfer"?

Schiller soll dessen Werke regelrecht verschlungen und damit zugleich seine Kenntnisse der menschlichen Psyche vertieft haben. Karl Moors Individualismus und seine Freiheitsliebe, seine Rebellion gegen die herrschende Ordnung, seine Verachtung der Gelehrtenwelt und die Betonung von Tatkraft und selbstbestimmtem Handeln sind von den Ideen des Sturm und Drang beeinflusst, wobei Schiller immer auch die Problematik dieser Haltung verdeutlicht. Denn der Schluss des Dramas zeigt, dass Karl kein typischer „Selbsthelfer" des Sturm und Drang ist. Damit bezeichnet man Charaktere, die sich aus der Masse der Gesellschaft hervorheben, ja sich sogar gegen diese stellen, wenn es ihre Überzeugungen erfordern. Denken und Handeln befinden sich also im Einklang. Karl jedoch wird schließlich gezwungen, sein Handeln zu reflektieren, und muss sein Scheitern einsehen.

Medizinstudium

1775 wurde die Akademie nach Stuttgart verlegt und Schiller wurde gestattet, statt Jura Medizin zu studieren, was ihn mehr interessierte, weil er sich davon psychologische und naturwissenschaftliche Erkenntnisse für seine dichterische Arbeit versprach. Im Drama „Die Räuber" schlägt sich seine medizinische Ausbildung in einer drastischen Sprache mit körperbezogener Bildlichkeit nieder,

z. B. wenn Franz Amalia die grauenhaften Auswirkungen einer angeblichen Geschlechtskrankheit ihres geliebten Karl ausmalt (vgl. S. 36, Z. 8–29).

Rationalismus

Für den Denker Schiller war zudem von Interesse, dass die Medizin Ende des 18. Jahrhunderts eng mit der Philosophie verbunden war. Die akademische Diskussion drehte sich um die Frage, inwieweit der Mensch in seinem Denken frei ist oder von Trieben und Sinneseindrücken gesteuert wird. Auf diesen Theorien beruht Franz' Intrige zur Tötung des Vaters: „Philosophen und Mediziner lehren mich, wie treffend die Stimmungen des Geistes mit den Bewegungen der Maschine zusammenlauten." (S. 40, Z. 20–22) Das Zitat ist vom Geist des Materialismus geprägt, der versuchte, den Menschen vom Körper und damit vom Stofflichen anstatt vom Geist her zu begreifen. Der materialistische Ausgang vom Stofflichen führte im Extremfall zur Betrachtung des menschlichen Körpers als Maschine, die von physischen Reiz-Reaktions-Schemata anstatt von Bewusstseinsentscheidungen gesteuert wird. Im Drama wird dies deutlich, als Franz die Ermordung seines Bruders mit materialistischen Argumenten rechtfertigen will (vgl. S. 102, Z. 10–24).

Schillers Liebesphilosophie

In der Liebe sah der junge Schiller im Anschluss an Philosophen wie Johann Gottfried Herder (1744–1803) und Rousseau eine Gegenkraft zum Materialismus. Erst die Liebe macht dieser Sichtweise zufolge aus der Maschine des menschlichen Körpers einen vollwertigen Menschen, erst die Liebe stellt die Verbindung zwischen Körper und Geist wie auch die Verbindung zwischen den einzelnen Menschen und Gott her. Im Zusammenhang damit verwendete Schiller gern das Bild der Kette, die die einzelnen Individuen und ihren Schöpfer zusammenhält. Im Drama wünscht sich Karl, Teil dieser Kette zu sein („Die ganze Welt eine Familie und ein Vater dort oben", S. 86, Z. 3 f.) und beklagt sich darüber, dass er aus den „Reihen der Reinen" (S. 86,

Z. 6) verstoßen wurde. Franz Moor dagegen begreift sich von vornherein nicht als Teil der Kette, sondern betrachtet sich als bloßes Produkt der Triebhaftigkeit seines Vaters und wird zum Verbrecher, weil er nie Liebe erfahren hat.

Der Durchbruch mit dem Drama „Die Räuber"

Schon 1777 hatte Schiller die Arbeit an seinem Theaterdebüt „Die Räuber" begonnen, diese aber unterbrochen, um erst sein Studium abzuschließen und sich als Arzt ein Einkommen zu sichern. Als 1780 endlich seine dritte Dissertation („Versuch über den Zusammenhang der tierischen Natur des Menschen mit seiner geistigen") angenommen wurde, konnte Schiller die Enge der Akademie hinter sich lassen. Als Militärarzt wurde er nach Stuttgart beordert. Sein Mitte 1781 fertiggestellter Erstling musste wegen dieser Tätigkeit zunächst anonym erscheinen. Auf Wunsch

Wolfang Heribert von Dalberg

Wolfgang Heribert von Dalbergs (1750–1806), des Intendanten des angesehenen Nationaltheaters im kurpfälzischen Mannheim, erarbeitete er eine Bühnenfassung des Stückes. Anfang 1782 wurde deren Uraufführung zu einem großen Erfolg und Schiller, der unter Geheimhaltung seines Namens anwesend war, mit einem Schlag als Schriftsteller berühmt. Im Mai reiste der Württemberger Schiller wieder nach Mannheim, um mit Dalberg über eine Anstellung als Theaterautor zu verhandeln. Wegen seiner unerlaubten Auslandsreise wurde er bei der Rückkehr verhaftet. Der Herzog verbot ihm von nun an jede schriftstellerische Tätigkeit.

Als Theaterdichter in Mannheim

Deswegen floh Schiller aus Württemberg und ließ sich 1783 in Mannheim nieder, wo er von Dalberg als Theaterdichter angestellt wurde. Sein Zweitwerk „Die Verschwörung des Fiesco von Genua" war aber weniger erfolgreich. Darin thematisiert Schiller die Faszination der Macht anhand einer Begebenheit aus dem Italien der Renaissancezeit. Der junge Graf Fiesco wird zum Kopf einer Verschwörung gegen einen tyrannischen Herzog, doch die Mitverschwörer zweifeln an seiner Integrität. Auch er selbst muss

Die
Räuber.
Ein Schauspiel.
N. sculp. Aug. V
Frankfurt und Leipzig.
1781.

Der Erstdruck des Dramas ohne Autorennamen (1781)

sich darüber klar werden, ob er der republikanischen Partei zum Sieg verhelfen soll oder selbst Herzog werden möchte. Sogar der Autor schwankte in dieser Frage: In der Buchfassung strebt Fiesco nach der Macht und wird von den Mitverschwörern ermordet, in der Bühnenfassung tritt er nach erfolgreicher Verschwörung für die Einrichtung einer Republik ein.

„Kabale und Liebe"

Mit dem Stück „Kabale und Liebe" konnte Schiller zeitweilig an seine Anfangserfolge anknüpfen, auch weil bürgerliche Trauerspiele damals sehr populär waren. Im Zentrum stehen der junge Adelige Ferdinand und die Bürgertochter Luise, deren Liebe die Standesgrenzen überwindet. Aber sie zerbricht am Widerstand von außen, denn beide Väter sind gegen die Beziehung: Luises Vater traut Ferdinand keine ernsthaften Absichten zu und dessen Vater möchte seinen Sohn mit der Geliebten des absolutistischen Fürsten verheiraten, um seine Stellung am Hof zu festigen. Mithilfe einer Intrige („Kabale") sollen die Liebenden auseinandergebracht werden. Dies hat auch deshalb Erfolg, weil es zu einem Zerwürfnis der Liebenden kommt: Luise fühlt sich ihrer Familie verbunden, während Ferdinands Besitzanspruch schrankenlos ist. Aus Eifersucht tötet er am Ende Luise und sich selbst. Freiheit und Verantwortung sind also Themen, die Schiller nicht nur in seinem Erstling beschäftigen. Alle drei Frühwerke haben zudem das Motiv der Intrige beziehungsweise Verschwörung gemeinsam. Gerade mit dem Stück „Kabale und Liebe" verbindet das Drama „Die Räuber" noch das Motiv des Generationenkonflikts.

Schiller in Not

Die beiden Folgewerke fanden weniger Anklang als das Debüt Schillers, das Verhältnis zum Theaterpersonal gestaltete sich schwierig und er selbst konnte aufgrund einer Fiebererkrankung nicht so produktiv sein, wie er wollte. So kam es, dass sein Vertrag nach nur einem Jahr nicht verlängert wurde. Daher drückten ihn die Schulden und er überlegte, wieder als Arzt zu arbeiten. In dieser Notsituation erinnerte er sich an eine Einladung wohlhabender Verehrer aus Leipzig. 1785 reiste Schiller ins sächsisch-thüringische Gebiet, das von nun an sein Lebensmittelpunkt sein sollte.

In Leipzig, Jena und Weimar

Auch die nächsten Jahre waren bestimmt vom Bestreben, sich eine stabile wirtschaftliche Basis zu schaffen. Die Annahme einer Professur als Historiker in Jena (1789) half jedoch zunächst wenig, weil sie ohne Gehalt war. Zudem machte Schiller wieder eine schwere Krankheit zu schaffen. Ein Stipendium von Verehrern linderte dann seine finanzielle Notlage. Immerhin befand Schiller sich in Jena ganz in der Nähe Goethes, dessen Freundschaft er suchte. Nach Anfangsschwierigkeiten entwickelte sich ab 1794 der Austausch, später die Freundschaft zwischen beiden Dichtern. 1799 siedelte Schiller dann mit seiner Familie nach Weimar über. Gemeinsam erarbeiten Goethe und Schiller die Programmatik der Weimarer Klassik und versuchten, diese in ihren Werken umzusetzen. In rascher Folge entstanden Schillers berühmte historische Dramen wie „Wallenstein", „Maria Stuart", „Die Jungfrau von Orleans", „Die Braut von Messina" und schließlich „Wilhelm Tell", durch die er zum größten Dramendichter seiner Zeit wurde. Von ständiger Krankheit geschwächt starb er am 9. Mai 1805.

Schiller auf dem Totenbett (Kreidezeichnung von Ferdinand Jagemann, 1805)

Entstehungsgeschichte vom Drama „Die Räuber"

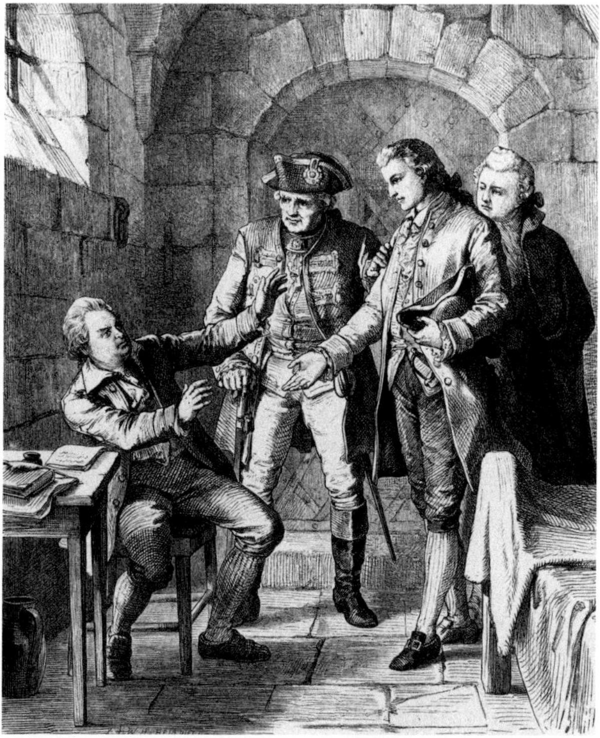

Schiller besucht Schubart im Gefängnis (Gemälde von W. v. Breitschwert, o. J.)

Schubart als Ideengeber

Die Hauptinspiration Schillers war Christian Daniel Schubarts (1739 – 1791) Anekdote „Zur Geschichte des menschlichen Herzens" von 1775. Sie handelt von einem deutschen Edelmann und seinen zwei ungleichen Söhnen, dem frömmelnden, gehorsamen und strengen Wilhelm sowie dem offenen, lebenslustigen, aber auch leichtsinnigen und lasterhaften Carl. Beide Brüder verlassen zum Studium die

Heimat, wobei Wilhelm fleißig und tugendhaft bleibt, während Carl ein freizügiges Leben führt. Sein missgünstiger Bruder informiert den Vater darüber, woraufhin Carl von seinem Vater verstoßen und Soldat wird. Anlässlich einer Verwundung beschließt er, seinen lasterhaften Lebenswandel zu beenden. Ein Brief, mit dem er den Vater schließlich um Vergebung bittet, wird aber von Wilhelm abgefangen. Carl wird daraufhin Knecht bei einem Bauern in der Nachbarschaft seines Vaters, wo er sich aufgrund seines Fleißes und seines sozialen Engagements beliebt macht. Eines Tages wird er Zeuge eines Mordanschlags auf den Vater, den Wilhelm ins Werk gesetzt hat. Nachdem Carl den Vater gerettet und sich zu erkennen gegeben hat, kommt es zur Versöhnung. Dabei bittet Carl erfolgreich um Gnade für Wilhelm.

Der Stürmer und Dränger Schubart war in Schillers Jugend als Fürstenkritiker bekannt und wurde schließlich von Herzog Carl Eugen in den Kerker geworfen. Schubart hoffte, dass ein deutscher Schriftsteller aus seiner Anekdote ein großes Kunstwerk formt, um zu beweisen, dass die Deutschen trotz ihrer politischen Unfreiheit zu schöpferischen Werken fähig sind. Schiller übernahm die Personenkonstellation, wesentliche Charakterzüge der Antagonisten und einzelne Handlungselemente. Während Schubarts Carl aber nach seiner traumatischen Kriegserfahrung geläutert in die Nähe des väterlichen Anwesens zurückkehrt, schlägt Schillers Karl eine Verbrecherkarriere ein. Folglich kann es für ihn kein Happy End geben.

Miguel de Cervante: „Don Quixote"

Schiller selbst verwies ausdrücklich auf die charakterlichen Ähnlichkeiten zwischen dem Räuber Roque aus Miguel de Cervantes (1547–1616) Werk „Don Quixote" und Karl Moor. Beide verkörpern den Typus des „edlen Räubers", der den Armen helfen will. Sowohl Karl als auch Roque sind von adeliger Herkunft, von einnehmendem Wesen und verfügen innerhalb ihrer Banden über große Autorität. Gekränkter Idealismus und ein daraus resultierendes Rachebedürfnis leiten beide in ihrem Handeln.

Brudermord-Motiv in Dramen des Sturm und Drang

Friedrich Maximilian Klingers (1752–1831) Drama „Die Zwillinge" (1776) und Johann Anton Leisewitz' (1752–1806) Stück „Julius von Tarent" (1776) wurden um das Motiv des Brudermords herum konstruiert. Besonders das letztere Werk hatte es Schiller angetan. Darin führen die Leidenschaftlichkeit und Pflichtvergessenheit des älteren Bruders im Verbund mit der Missgunst des jüngeren im Italien der Renaissancezeit zu einer Familienkatastrophe.

Biblische Motive

Wesentliche Inspiration zog Schiller aus der Lektüre der Bibel. Offensichtlich bezieht er sich auf die Geschichte von „Kain und Abel"[1], in der der Ackerbauer Kain aus Neid den Hirten Abel, seinen Bruder, erschlägt. Allerdings präsentiert Schiller seinen „Kain" in Form des kühlen Verstandesmenschen Franz, der nicht selbst Hand an seinen Bruder anlegt. Vom alten Moor selbst thematisiert werden zum einen die Geschichte von Jakobs Lieblingssohn Joseph, der in jungen Jahren Opfer einer Intrige seiner missgünstigen elf Brüder wird und erst als reifer Mann seinen greisen Vater wiedertrifft;[2] zum anderen das Gleichnis vom verlorenen Sohn[3], in dem ein großzügiger Vater seinem abenteuerlustigen jüngeren Sohn seinen Erbteil auszahlt, den dieser leichtsinnig durchbringt. Reumütig kehrt er nach Hause zurück, der Vater verzeiht ihm. Für seine Milde erntet er Kritik vom pflichtbewussten und fleißigen Erstgeborenen. Der Vater weist diese zurück, indem er versichert, beide Söhne zu lieben. Anders als der alte Moor ist der Vater des biblischen Gleichnisses somit ein starker Vater, dessen Liebe und Güte die familiäre Ordnung erhalten.

---

[1] Vgl. Genesis, Kapitel 4.
[2] Vgl. ebd., Kapitel 37–50.
[3] Vgl. Lukas, Kapitel 15.

wichtige biblische Bezüge im Stück

Kain und Abel
Kain und Abel sind Söhne von Adam und Eva.
Aus Eifersucht erschlägt Kain den Abel.
(AT, Genesis, Kapitel 4)

Jakob und seine Söhne
Jakobs Lieblingssohn Joseph wird von seinen Brüdern in die Fremde verkauft.
(AT, Genesis, Kapitel 37–50)

Das Gleichnis vom verlorenen Sohn
Ein Sohn verprasst seinen Erbteil in der Fremde und kehrt reumütig nach Hause zurück.
Der Vater verzeiht ihm, worüber sich der ältere Bruder beklagt.
(NT, Lukasevangelium, Kapitel 15)

Der Arbeitsprozess

Vermutlich begann Schiller 1776 mit der Niederschrift des Dramas, mit der er aber aufgrund der Vorbereitungszeit für seine Abschlussprüfungen in den nächsten beiden Jahren kaum vorankam. Daher nimmt man als Hauptentstehungszeit die Jahre 1779 und 1780 an. Aufgrund der strengen Regeln an der Karlsschule soll Schiller Zeitzeugen zufolge große Teile des Werkes auf der Krankenstation verfasst haben. Um der herzoglichen Kontrolle zu entkommen, stellte Schiller das Werk seinen Freunden auf ausgedehnten Spaziergängen vor.

Nach vielen Veränderungen und Umstellungen war das Stück Ende 1780 schließlich fertig und sollte nach Schillers Willen veröffentlicht werden. Dafür gab er finanzielle Motive an, außerdem sei er auf das Urteil einer breiteren Öffentlichkeit gespannt. Zudem wolle er mit der Veröffentlichung

Schiller liest seinen Freunden aus seinem Werk vor
(Illustration nach Aquarell von Karl Heideloff (1898))

seine literarische Arbeit beenden, um sich in Zukunft ganz der Medizin zu widmen. Zu diesem Zeitpunkt hoffte er nämlich noch, eine gute Stelle als Arzt zu bekommen. Weil kein Verleger gefunden wurde, entschloss sich Schiller, das Stück auf eigene Kosten herauszubringen. Da er vom Wohlwollen des Herzogs abhängig war, veröffentlichte er das Werk anonym und mit dem fingierten Erscheinungsort „Frankfurt und Leipzig" unter dem Titel „Die Räuber. Ein Schauspiel". Diese Fassung gilt heute als der Standardtext. Noch während der Drucklegung änderte Schiller die Vorrede und nahm Veränderungen an den ersten beiden Akten vor, die auf eine Abmilderung religiös und politisch anstößiger Passagen hinausliefen, wohl damit sein Werk leichter ins Programm der Theater aufgenommen werden konnte.

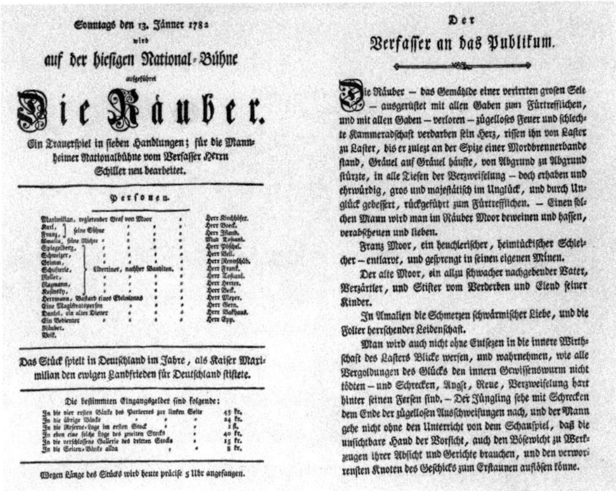

Sonntags den 13. Jänner 1782
wird
auf der hiesigen National-Bühne
aufgeführet

Die Räuber.

Ein Trauerspiel in sieben Handlungen; für die Mannheimer Nationalbühne vom Verfasser Herrn Schiller neu bearbeitet.

Personen.

Maximilian, regierender Graf von Moor	Herr Kirchhöfer.
Karl, } seine Söhne	Herr Boeck.
Franz, } seine Söhne	Herr Iffland.
Amalia, seine Nichte	Mad. Toscani.
Spiegelberg, } Libertiner, nachher Banditen.	Herr Pöschel.
Schweizer,	Herr Beil.
Grimm,	Herr Rennschüb.
Schufterle,	Herr Frank.
Roller,	Herr Toscani.
Raymann,	Herr Herter.
Kosinsky,	Herr Beck.
Herrmann, Bastard eines Edelmanns	Herr Meyer.
Eine Magistratsperson	Herr Gern.
Daniel, ein alter Diener	Herr Backhaus.
Ein Bedienter	Herr Epp.
Räuber.	
Volk.	

Das Stück spielt in Deutschland im Jahre, als Kaiser Maximilian den ewigen Landfrieden für Deutschland stiftete.

Die bestimmten Eingangsgelder sind folgende:

In die vier ersten Bänke des Parterres zur linken Seite	45 kr.
In die übrige Bänke	24 kr.
In die Reserve-Loge im ersten Stock	1 fl.
In eben eine solche Loge des zweiten Stocks	40 kr.
In die verschlossene Gallerie des dritten Stocks	15 kr.
In die Seiten-Bänke allda	8 kr.

Wegen Länge des Stücks wird heute präcise 5 Uhr angefangen.

Der
Verfasser an das Publikum.

Die Räuber – das Gemählde einer verirrten grosen Sele – ausgerüstet mit allen Gaben zum Fürtrefflichen, und mit allen Gaben – verloren – zügelloses Feuer und schlechte Kammeradschaft verdarben sein Herz, rissen ihn von Laster zu Laster, bis er zulezt an der Spize einer Mordbrennerbande stand, Gräuel auf Gräuel häufte, von Abgrund zu Abgrund stürzte, in alle Tiefen der Verzweifelung – doch erhaben und ehrwürdig, gros und majestätisch im Unglück, und durch Unglück gebessert, rückgeführt zum Fürtrefflichen. – Einen solchen Mann wird man im Räuber Moor beweinen und hassen, verabscheuen und lieben.

Franz Moor, ein heuchlerischer, heimtückischer Schleicher – entlarvt, und gesprengt in seinen eigenen Minen.

Der alte Moor, ein allzu schwacher nachgebender Vater, Verzärtler, und Stifter vom Verderben und Elend seiner Kinder.

In Amalien die Schmerzen schwärmischer Liebe, und die Folter herrschender Leidenschaft.

Man wird auch nicht ohne Entsezen in die innere Wirthschaft des Lasters Blicke werfen, und wahrnehmen, wie alle Vergoldungen des Glücks den innern Gewissenswurm nicht tödten – und Schrecken, Angst, Reue, Verzweifelung hart hinter seinen Fersen sind. – Der Jüngling sehe mit Schrecken dem Ende der zügellosen Ausschweifungen nach, und der Mann gehe nicht ohne den Unterricht von dem Schauspiel, daß die unsichtbare Hand der Vorsicht, auch den Bösewicht zu Werkzeugen ihrer Absicht und Gerichte brauchen, und den verworrensten Knoten des Geschicks zum Erstaunen auflösen könne.

Der einzige erhaltene Theaterzettel der Uraufführung (1782)

Umarbeitung und Erstaufführung

Schiller knüpfte Kontakt zu Wolfgang Heribert von Dalberg, den Intendanten des Mannheimer Nationaltheaters, der ihn mit einer Bühnenbearbeitung des Stückes beauftragte. Dalberg forderte aus politischen Gründen gravierende Veränderungen. So wurde das Stück ins ausgehende Mittelalter verlegt, obgleich Schiller dagegen einwandte, dass Franz ein moderner und aufgeklärter Charakter sei. Außerdem wurde der Pater zu einem „Kommissarius“, wohl um die katholische Kirche beziehungsweise religiöse Autoritäten allgemein aus der Schusslinie zu nehmen. Aber auch auf der Handlungsebene wünschte der mächtige Intendant Änderungen: Es kommt zu einer Begegnung zwischen Karl und Franz, der von den Räubern gerichtet wird. Schiller blieb nichts übrig, als diese Wünsche umzusetzen, sodass das Stück am 13. Januar 1782 schließlich erstmals aufgeführt werden konnte. Die ca. fünfstündige Vorstellung, der Schiller heimlich beiwohnte, wurde zu einem überwältigenden Erfolg. Im gleichen Jahr gab Schiller in Mannheim eine neue Auflage in Druck, die als „Trauerspiel" bezeichnet wird. In dieser machte Schiller einige der Änderungen wieder rückgängig, die Handlung bleibt aber im ausgehenden Mittelalter angesiedelt.

Kunsttheorie des jungen Schiller

Dramentheoretische Positionen im 18. Jahrhundert

Mitte des 18. Jahrhunderts hatte der aufgeklärte Literaturtheoretiker und Dramaturg Johann Christoph Gottsched (1700–1766) versucht, die deutsche Poesie zu erneuern, um das Entstehen einer deutschen Nationalliteratur zu fördern. Dem Geist der frühen Aufklärung gemäß wählte er einen vernunftbetonten und pädagogischen Zugang: So sollten Dramen auf vernünftigen Regeln basieren („Regelpoetik") und ihre Zuschauer sittlich läutern. Vorbilder für diesen Ansatz sah er in den griechischen und den klassischen französischen Tragödien, deren Handlungen in der Welt des Adels angesiedelt waren. Auch Gotthold Ephraim Lessing (1729–1781) verfolgte mit seinem Konzept des bürgerlichen Trauerspiels das Ziel, den Zuschauer oder Leser sittlich zu läutern. Allerdings sorgte er für eine Wiederaufwertung des Gefühls – denn über das Mitleid mit dem Helden sollte das Publikum gebessert werden – und machte das Bürgertum tragödienfähig. Je ähnlicher in charakterlicher und sozialer Hinsicht der Held seinem Publikum sei, desto eher könne dieses sich mit ihm identifizieren, was wiederum die moralische Wirkung fördere. Die Dichter des Sturm und Drang wiederum sahen sich als schöpferische „Genies" in der Nachfolge William Shakespeares (1564–1616) und lehnten feste Regeln für das Drama ab.

Das Gefühl rückte an die Stelle des Verstandes und Originalität galt als Wert an sich, sodass der belehrende Aspekt an Bedeutung verlor.

Schillers Vorreden

In seinen Vorreden betonte Schiller den Vorrang des Dramas innerhalb der Poesie aufgrund seiner unmittelbaren und lebendigen Wirkung auf den Rezipienten. Eindeutig favorisierte er das britische Theater und namentlich Shakespeare gegenüber dem zu seinen Lebzeiten populären Theater der französischen Klassik. Bei Shakespeare sah Schiller den Vorzug des Dramas, „die Seele gleichsam bei ihren verstohlensten Operationen zu ertappen"[1], am besten umgesetzt. Dieses Zitat verdeutlicht ferner Schillers Absicht, über das Drama psychische Prozesse anschaulich zu machen, um damit den Zuschauer zu berühren. Weil infolgedessen das Publikum möglicherweise seinen „Mordbrenner bewundern, ja sogar fast lieben"[2] würde, gab er in seiner „unterdrückten Vorrede" die sicher nicht ernst gemeinte Empfehlung, das Stück gar nicht erst aufzuführen. In der veröffentlichten Vorrede akzentuierte er erneut die emotionale Wirkung des Dramas, versuchte diese aber stärker mit einer moralischen Absicht zu legitimieren: Gerade um Lasterhaftigkeit und Unmoral zu bekämpfen, müsse der Dichter das Laster auf der Bühne ungeschminkt und auf drastische Weise zeigen. Nur so könnten Religion, Moral und bürgerliche Wertvorstellungen gefördert werden. Inwieweit diese Betonung der moralischen Wirkung im Vergleich zur ersten Vorrede ernst gemeint war oder nur ein Versuch, die Bühnenchancen des Stückes zu erhöhen, muss offenbleiben.

---

[1] Aus Schillers „unterdrückter Vorrede", zitiert nach: Grave, Christian: Friedrich Schiller: Erläuterungen und Dokumente. Stuttgart 2009, S. 173

[2] ebd., S. 174

Ein Mittelweg zwischen Shakespeare und dem französischen Klassizismus?

In seiner Schrift „Über das gegenwärtige teutsche Theater" (1782) grenzte Schiller sich erneut von den Autoren der französischen Klassik wie Pierre Corneille (1606–1684) ab und forderte die Natürlichkeit der Darstellung ein. Die Helden des französischen Dramas hielt er für zu gekünstelt und glatt. Im Gegensatz dazu seien die Helden der Deutschen und Briten weitaus natürlicher und lebensechter gehalten. An den britischen Autoren kritisierte er den Hang zur Übertreibung, den fehlenden Blick fürs Detail und ein mangelndes Formbewusstsein. Die deutschen Dichter müssten beide Extreme ausgleichen, um eine Synthese zwischen Natur und Form zu finden. Damit knüpfte er an Lessing an, für den Einheitlichkeit, Natürlichkeit und Wahrscheinlichkeit Kennzeichen eines gelungenen Dramas waren. Bei dem Drama „Die Räuber" orientierte sich Schiller jedoch ganz klar am britischen Vorbild.

Das Theater als Moralinstanz?

Im Aufsatz „Über das gegenwärtige teutsche Theater" hatte Schiller dem Theater alle sittlich veredelnde Wirkung abgesprochen und dabei auch die Zuschauer kritisiert, die hauptsächlich Ablenkung suchten. Bevor Theater überhaupt moralisch wirken könne, müssten sich also die Zuschauer bilden. Dagegen erklärte er in seinem berühmten Aufsatz „Das Theater als moralische Anstalt betrachtet" (1784) das Theater zur dritten Säule einer Gesellschaft neben den politischen Gesetzen und der Religion. Als moralische Anstalt solle das Theater mit dem Staat auf gleicher Stufe stehen. Dabei erhält es die Aufgabe, den Einzelnen zu belehren und sittlich zu bessern, indem ihm menschliche Tugenden und Laster – dabei bezieht sich Schiller ausdrücklich auf Franz Moor – vorgeführt werden. Über ihre sittliche Erziehung hinaus sollen die derart geläuterten Theaterbesucher ihre neu gewonnenen und verfeinerten Moralbegriffe im ganzen Staat verbreiten. Ganz im Sinne der Aufklärung sollte damit die ganze Gesellschaft verbessert werden.

Zweifel am Moralkonzept

Auf den ersten Blick scheint das Konzept des Theaters als moralischer Anstalt auf das Werk „Die Räuber" zu passen. Das Stück stellt Laster vor und weckt die Empörung des Zuschauers darüber. Am Ende hat Franz mit einer Vision des Jüngsten Gerichts zu kämpfen und Karl stellt sich der Gerichtsbarkeit. Auffällig ist jedoch, dass Schiller noch im gleichen Aufsatz stark an der von ihm selbst behaupteten Wirkungsmacht des Theaters zweifelte. So behauptete er, dass Karl Moors Tragödie die Sicherheit auf deutschen Landstraßen nicht erhöhen würde. Stattdessen nennt er als weitere wichtige Aufgabe des Theaters: die Ermöglichung ästethischer Erfahrungen jenseits aller Zweckorientierung. Das Theater biete dem zerstreuungssuchenden Menschen sinnliche Reize und eröffne ihm eine neue Welt abseits der Realität, in der er unbekannte Verhaltensweisen und Empfindungen kennenlernen und mitmenschliches Einfühlungsvermögen zeigen könne.

Fazit

Die Frage nach der Wirkung, die Dichtung auf den Zuschauer ausübt oder ausüben soll, wird vom jungen Schiller nicht eindeutig beantwortet. In seinen theoretischen Schriften wird einerseits die sittliche Läuterung des Lesers hervorgehoben, andererseits geht es darum, die Totalität menschlichen Lebens darzustellen und dafür neue, schöpferische Ausdrucksformen zu schaffen. Somit verbinden sich Ideen der Aufklärung und des Sturm und Drang und der Aspekt der ästhetischen Erfahrungen weist schon auf die Kunstauffassung der Klassik voraus.

Dramenkonzeption

Die Lehre von den drei Einheiten

Gottsched berief sich in seiner Regelpoetik auf den Griechen Aristoteles (384 v. Chr. – 322 v. Chr.). Gefordert wurde die Einheit der Handlung, die Einheit des Ortes und der Zeit. Die Tragödie war Gottscheds Regelwerk gemäß dem Adel vorbehalten, die Sprache hatte gehoben zu sein.

Schiller gegen die drei Einheiten

Im Drama „Die Räuber" verstieß Schiller bewusst gegen die starre Regel der drei Einheiten. Das Drama spielt in Franken, Sachsen, an der Donau und in den böhmischen Wäldern, damit an weit auseinanderliegenden Orten. Die Handlungszeit wird mit „ohngefähr zwei Jahre" (S. 6, Personenverzeichnis) angegeben. Die Handlungen sind vielfältig: Neben der Schlosshandlung um Franz läuft die Räuberhandlung um Karl ab. Weil er sich den Theaterkonventionen seiner Zeit nicht unterwerfen wollte, empfahl der Autor, sein Stück als „dramatischen Roman"[1] zu bezeichnen.

Die Sprache des Sturm und Drang im Drama „Die Räuber"

Ausrufe	„Menschen – Menschen! Falsche, heuchlerische Krokodilbrut" (S. 31, Z. 23f.)
Ellipsen und Ein-Wort-Sätze	„Auch mein Franz verloren?" (S. 139, Z. 4), „Die Tür kracht – stürzt – unentrinnbar" (S. 136, Z. 20)
Frageketten	„Ist das Vatertreue? Ist das Liebe für Liebe?" (S. 32, Z. 2f.)
Inversionen	„nimmer mir der Geliebten schmachtender Blick – nimmer nimmer des Busenfreundes Umarmung" (S. 86, Z. 6–8)
Klimaxe	„erzielen, zermalmen, zernichten" (S. 32, Z. 27)
Kraftausdrücke	„Pfui über das schlappe Kastratenjahrhundert" (S. 18, Z. 20)
negativ besetzte Begriffe	„abgeschmackte Konventionen" (S. 18, Z. 27f.), „tintenklecksend" (S. 17, Z. 16), „Krämer" (S. 18, Z. 15), „schlapp" (S. 18, Z. 20), „Gesetz" (S. 33, Z. 14), „Käficht" (S. 33, Z. 11)

[1] Aus Schillers „unterdrückter Vorrede", zitiert nach: Grave, Christian: Friedrich Schiller: Erläuterungen und Dokumente. Stuttgart 2009, S. 173

plastische Bilder	„ich hab euch einen Engel geschlachtet" (S. 144, Z. 20f.)
positiv besetzte Begriffe	„Kraft", „Natur" und „Herz" (S. 18, Z. 23, Z. 27, Z. 28), „Tat" und „Freiheit" (S. 33, Z. 12f.), „Adlerflug" (S. 19, Z. 19)
Reihungen	„Mein Geist dürstet nach Taten, mein Atem nach Freiheit" (S. 33, Z. 12f.)
Satzbrüche	„Er ist maustot – mich sieht er nicht wieder." (S. 136, Z. 37)
Übertreibungen	„So liebte kein Sohn" (S. 32, Z. 23)
Worthäufungen	„Schmach und Fluch und Verfolgung" (S. 77, Z. 17)
Typisch für die Epoche sind Ausdrucksstärke, Betonung des Gefühls, Bruch mit sprachlichen Konventionen.	

Die Figuren und ihre Sprache

Die Hauptfiguren des Dramas sind der adeligen Sphäre zuzurechnen, in diesem Punkt wenigstens wird Schiller der Ständeklausel gerecht. Allerdings entstammen viele Figuren der bürgerlichen Schicht oder sind sozialen Randgruppen zugehörig; der Held Karl Moor wird aus der adeligen Sphäre verbannt und findet sich außerhalb der Gesellschaft wieder. Nichtadelige wie Daniel und v.a. Spiegelberg haben wichtige Funktionen inne. Anstatt in Versen sprechen die Figuren in Prosa, die Sprache allgemein ist typisch für den Sturm und Drang: derb und plastisch, übertreibend und voller Gefühl und Leidenschaft, mit zahlreichen Ausrufen und Brüchen in der Syntax. Erkennbar versucht Schiller, den wichtigsten Figuren eine individuelle Sprache zu geben. Während Karls Sprache emotionsgeladen und expressiv ist, ist Franz' Sprechweise überwiegend nüchtern und analytisch.[1]

[1] Viele aussagekräftige Textbelege sind bei den Charakterisierungen der beiden Brüder zu finden, s. S. 92ff., S. 98f.

Überschreiten der Gattungsgrenzen

Das Drama enthält viele epische Elemente in Form der häufigen Rückblicke wie etwa Kosinskys Bericht von seiner unglücklichen Vergangenheit in der zweiten Szene des dritten Aktes. Außerdem hat der Autor viele lyrische Elemente in Form der zahlreichen Lieder verwendet. Damit sprengt das Drama „Die Räuber" die Gattungsgrenzen. Ensembleszenen, zahlreiche Lieder und die „actionreiche" äußere Handlung verweisen darauf, dass Schiller sogar von Opernaufführungen beeinflusst wurde.

Mischung aus offener und geschlossener Bauform

Trotz der Aufhebung der Ständeklausel und der Prosaform erfüllt das Stück „Die Räuber" einige Kriterien eines geschlossenen Dramas, da die einzelnen Szenen einen festen Platz im Handlungsgefüge haben und nicht beliebig austauschbar sind. Das Drama ist nach dem klassischen Fünf-Akte-Schema gegliedert, lässt sich aber nicht ganz mit dem bekannten pyramidalen Schema beschreiben, was an der Parallelität der Handlungen liegt. Es gibt einen Höhepunkt beider Handlungen am Ende des zweiten Aktes, als Franz' Intrige aufzugehen scheint und Karl sich mit seiner Bande gegen die feindlichen Reiter wehren muss. Innerhalb der Karl-Handlung ist eine Peripetie erkennbar, als Karl an sich zweifelt und aufgrund Kosinskys Auftreten den Entschluss fasst, wieder in die Heimat zurückzukehren (vgl. Szene III, 2). Am Ende beider Handlungsstränge steht eine Katastrophe: Franz Moor begeht Selbstmord, Karl bringt die Geliebte um und erkennt endgültig sein Scheitern.

Geschlossenes Weltbild?

Ein geschlossenes Weltbild, das dem Leser einen Sinn vermittelt, liefert das Drama „Die Räuber" nicht. Sinnstiftend ist zwar, dass der Erzschurke Franz am Ende büßt. Ebenso dass Karl seine Verbrechen einsieht und sich in die Hände der Gerichtsbarkeit begibt. Allerdings ist damit nicht die Gerechtigkeit wiederhergestellt, denn im Stück wird an vielen Stellen die herrschende Ordnung als ungerecht und korrupt gebrandmarkt. Für Karls Rebellion gibt es plausible Gründe, sein Lösungsansatz ist aber nicht tauglich. Schiller kritisiert damit das Selbsthelferkonzept des Sturm und Drang, bleibt aber einen alternativen Sinnentwurf schuldig.

Wirkung und Rezeption des Dramas

Selbstrezension

1782 erschien eine ausführliche Selbstrezension Schillers, in der er die Schwächen seines eigenen Werkes mit scharfem Blick analysierte. Möglicherweise wollte er damit anderen Kritikern den Wind aus den Segeln nehmen oder demonstrieren, dass er sich als Autor vor den Augen des Publikums weiterentwickeln will. Er lobte zwar den dem Drama zugrunde liegenden Plot, bemängelte aber, dass die Figuren nicht realistisch gezeichnet seien. Franz Moors schurkischem Verhalten fehlte seiner Meinung nach die Motivation und er stellte die Frage, warum dieser in so jungen Jahren schon so verkommen sei. Außerdem sei Amalia zu idealistisch gestaltet und über weite Strecken zu passiv. Insgesamt fehlten in der Mitte des Stückes die Handlungsimpulse. Den Vater fand er zu kindlich gezeichnet, weil er zu leicht den Intrigen seines jüngeren Sohnes auf den Leim gehe.

Zeitgenössische Einschätzungen

Von Christian Friedrich Thimme erschien im Juli 1781 die erste Rezension des Stückes in der „Erfurtischen Gelehrten Zeitung". Thimme äußerte sich anerkennend über die ausdrucksreiche Sprache, die gelungene Charakterzeichnung und die Imaginationskraft des Verfassers, kritisierte jedoch die Missachtung der aristotelischen Einheiten. Er sah in Schiller den wahrscheinlichsten „teutschen Shakespeare"[1],

[1] Aus: Schiller und Goethe im Urtheile ihrer Zeitgenossen, ges. und hrsg. von Julius W. Braun, Abt. 1: Schiller, Bd. 1, Leipzig 1882, S. 1–7, zitiert nach: Grave, Christian: Friedrich Schiller: Erläuterungen und Dokumente. Stuttgart 2009, S. 223

empfahl ihm aber die Auseinandersetzung mit Lessings Werken, um sein feuriges Genie zu mäßigen.
Ein anonymer Rezensent, erkennbar ein Anhänger des französischen Theaters, fand in seiner 1785 im Leipziger „Magazin der Philosophie und schönen Literatur" erschienenen Kritik zwar Gefallen an Schillers Dialogführung und Charakterzeichnung, warf ihm aber vor, mit seinem Drama um eine „Rotte von Ungeheuern" die Grenzen des guten Geschmacks zu überschreiten und die Moral, gerade junger Zuschauer, zu untergraben.[1]

Frühe Aufführungen

Glaubt man dem in der Einführung zitierten Bericht von der Uraufführung des auf Wunsch Dalbergs stark abgeänderten Werkes am 13.01.1782 in Mannheim, dann war die Begeisterung im Publikum sehr groß. Indem er die emotionalen Reaktionen der Zuschauer ausmalt und großspurig das Heranbrechen einer „neuen Schöpfung" feststellt, ist der Bericht selbst ein Zeugnis der Sturm-und-Drang-Jahre. Das Stück wurde in den ersten Jahren nach seiner Veröffentlichung häufig aufgeführt, wobei es zu etlichen Skandalen kam. So wurde das Drama in Leipzig verboten, weil es im Umfeld der Vorstellungen zu Taschendiebstählen gekommen war. Neben Verboten gab es viele Fälle von Zensur: In Wien wurde aus dem Vater Moor der Oheim (Onkel) Moor, damit das Stück nicht gegen das vierte Gebot verstößt, und Karls gegen Gott gerichtete Anklagen mussten ausgelassen werden. In Berlin machte man aus Franz einen Halbbruder Karls, denn ein legitimer Grafensohn durfte nicht derart schurkisch handeln. Diese Zensurbestrebungen nahmen im Jahrhundert der Restauration (1815–1848) zu und verhinderten oder erschwerten viele Aufführungen.

---

[1] Aus: Schiller und Goethe im Urtheile ihrer Zeitgenossen, ges. und hrsg. von Julius W. Braun, Abt. 1: Schiller, Bd. 1, Leipzig 1882, S. 111 f., S. 118f., zitiert nach: Grave, Christian: Friedrich Schiller: Erläuterungen und Dokumente. Stuttgart 2009, S. 228

Der berühmte Regisseur Erwin Piscator (1893–1966) verlagerte in seiner Inszenierung die Handlung in die Zeit nach dem Ersten Weltkrieg. Die Räuber wurden zu Proletariern, die Karl schließlich wegen Verrats an der kommunistischen Revolution ermorden. Spiegelberg wurde aufgewertet und mit Zügen des russischen Kommunisten Leo Trotzki versehen, der für eine Revolution im Zarenreich agitierte.[1] Mit dieser Aktualisierung gelang Piscator die erste große moderne, marxistisch geprägte Inszenierung des Stückes.

Piscators marxistische Aktualisierung (1926)

Im Dritten Reich versuchten NS-Ideologen, das Drama „Die Räuber" für ihre Zwecke zu vereinnahmen. So behauptete ein Kritiker, Schiller habe den Charakter Spiegelbergs – „dieses jüdischen Gauners" – sehr „rasseecht" gezeichnet. Gerade im Kontrast zum „echte[n] Führertum Karls" werde dadurch die moralische Verkommenheit der Juden deutlich.[2] Auf diese Weise versuchte man gegen den Geist Schillers, das Drama mit der menschenverachtenden NS-Ideologie in Einklang zu bringen.

Nationalsozialistischer Vereinnahmungsversuch

Die DDR-Regisseure Matthias Langhoff und Manfred Karge bezogen 1971 das Stück kritisch auf die Studentenrevolten im Westen („68er") und stellten der Handlung eine Studentendemonstration voran. Karl wird als prahlerischer, fauler Student aus einer wohlsituierten Familie gezeigt, der vor seinen Kommilitonen revolutionäre Reden schwingt. Zum Räuber wird er nicht aus Idealismus, sondern weil sein Vater ihn verstoßen hat und er sich deswegen gekränkt fühlt. Aber zunehmend wird deutlich, dass Karl keine poli-

Das Drama „Die Räuber" an der Ostberliner Volksbühne (1971)

[1] Dabei geriet Trotzki (1879–1940) sowohl zu Lenin als auch zu Stalin in Gegensatz, verlor alle Ämter, wurde verbannt und schließlich im Exil ermordet.

[2] Aus: Fabricius, Hans: Schiller als Kampfgenosse Hitlers. Nationalsozialismus in Schillers Dramen, Berlin 1934, zitiert nach: Grave, Christian: Friedrich Schiller: Erläuterungen und Dokumente. Stuttgart 2009, S. 216

tisch-revolutionären Ziele hat, sondern eigentlich nur nach Hause zurück will. Zudem bemühen sich Langhoff und Karge, Franz' Handeln stärker zu motivieren, indem sie die Handlung um kurze Szenen erweitern, die die Kränkungen zeigen sollen, die Franz in seiner Kindheit erfahren hat. Die Psychologisierung einerseits und die Kritik am angeblichen Idealismus Karls andererseits sind die wichtigsten Aspekte dieser Aufführung.

Zeitgenössische Aufführungen

Die Dekonstruktion[1] der idealisierten Räuberwelt und allen voran Karls findet man in vielen neueren Inszenierungen. So zeigte Johannes Lepper die Räuber 1997 am Oberhausener Theater als wurzellose, gelangweilte junge Männer, die auf der Suche nach dem großen Wirgefühl und dem „ultimativen Kick" sind. Dabei kommt es bald zu einer Eskalation der Gewalt, der die jungen Männer ratlos gegenüberstehen. Das Stück „Die Räuber nach Schiller", 2006 von Christiane Pohle an den Münchener Kammerspielen inszeniert, lässt sich schon vom Titel her dem Regietheater zuordnen. Darunter versteht man, dass ein Regisseur aufgrund eines eigenen künstlerischen Konzeptes wesentliche Elemente des Dramas stark verändert. In dieser Fassung wird die Handlung ins 20. Jahrhundert verlagert. Der schwache Vater wird vom Kollektiv eines Männerchors ersetzt, der romantische Lieder singt und die Verdrängungsmechanismen der „Nazi-Väter" illustrieren soll. Die beiden Brüder werden als gealterte Verlierernaturen der Nachkriegszeit dargestellt, die auf ihre gescheiterten Lebensentwürfe zurückblicken. Kommentiert werden die Monologe der beiden Brüder vom jungen Spiegelberg, dem Pohle einen neuen, mit zahlreichen provokanten Gegenwartsbezügen versehenen Rollentext geschrieben hat. Er steht für

[1] Dekonstruktion: Auflösung, Zergliederung; vereinfacht: ein Textverständnis „gegen den Strich", das den Geltungsanspruch bestimmter Deutungen zurückweist

die jüngere Generation, die sich nicht um die Verstrickungen der Älteren kümmert und diese auf zynische Art und Weise verachtet.

Auf ungewöhnliche Weise inszenierte Nicolas Stemann das Stück 2008 am Hamburger Thalia Theater. Er löste die Identitäten von Franz und Karl auf und ließ die Texte von Franz und Karl Moor von gleich vier Schauspielern sprechen. Damit sollte zum einen die Ähnlichkeit beider Brüder erhellt werden, zum anderen sollte durch die chorartige Sprechweise mit ihrem hohen Tempo und ihren häufigen Sprecherwechseln die Handlung vorangetrieben und der Zuschauer gefesselt werden.

Diese aktuellen Inszenierungen zeigen, dass die Kernprobleme, die das Drama „Die Räuber" aufwirft, überzeitlich sind. Daher wirkt das Stück noch immer lebendig und kann die Theatergänger in seinen Bann ziehen.

Moderne Deutungsversuche des Dramentextes

Aus sozialgeschichtlicher Perspektive lässt sich das Stück „Die Räuber" als Aufruhr gegen die herrschende politische Ordnung des aufgeklärten Absolutismus deuten. Allerdings fehlen Mittel, Konzepte und Anhänger, um erfolgreich zu sein. Karls Selbstaufgabe am Dramenende illustriert die Wirkungslosigkeit seiner politisch unbestimmten Opposition, die letztlich die bestehende Ordnung stabilisiert. An Franz zeigt sich die Widersprüchlichkeit des bürgerlich-aufgeklärten Denkens: Der junge Moor stützt sich bei der Durchführung der Intrige und der Sicherung seiner despotischen Herrschaft auf die zeitgenössische aufgeklärte Philosophie, die doch eigentlich die Freiheit und Selbstbestimmung des Individuums garantieren sollte.

Aus psychologischer Sicht kann das Stück als Drama einer gestörten Familien- und Vaterordnung gedeutet werden. Andere psychoanalytisch orientierte Interpreten sehen die beiden gegensätzlichen Brüder als zwei unterschiedliche Seiten einer Person, da sie beide ähnliche Störungssymptome zeigen. Biografisch orientierte Interpretationen betrachten Schillers Debüt als seinen Aufstand „gegen seine drei Väter, denen er in seinen zwei ersten Lebensjahrzehnten ausgeliefert war: gegen den leiblichen Vater Johann Caspar, gegen den Landesvater Carl Eugen und gegen den himmlischen Vater". (Norbert Oellers) In diesen Zusammenhang gehört auch die Deutung des Dramas als Experimentalanordnung des jungen Autors, in der er seine Liebesphilosophie und v. a. das Konzept der „Kette der Liebe" durch die beiden von ihrem „Universalhass" (Hans-Jürgen Schings) getriebenen Brüder auf die Probe stellte.

Das Drama „Die Räuber" in der Schule

Der Blick auf die Figuren: Die Personencharakterisierung

Eine literarische Figur charakterisieren – Tipps und Techniken

In einer literarischen Charakterisierung analysiert man neben den äußeren Merkmalen besonders die inneren Wesenszüge einer literarischen Figur, um so zu einer Gesamtinterpretation dieser Figur zu kommen. Wichtig ist, dass alle Elemente der Charakterisierung – wie äußere Merkmale, charakterisierende Aussagen sowie weiterführende Deutungen – auf der Textvorlage basieren müssen. Bei einem Drama sind neben den Figurenreden auch die Regieanweisungen zu untersuchen. Mit direkten und indirekten Textbelegen lassen sich die Aussagen über die zu charakterisierende Figur nachvollziehbar begründen.
Die folgenden Aspekte und Leitfragen sind als „Checkliste" eine Hilfe für die Erarbeitung einer literarischen Charakterisierung. Die Niederschrift kann anhand der genannten Aspekte strukturiert werden:

1. Personalien und sozialer Status

- Was erfahren wir über den Namen, das Geschlecht und das Alter der Figur?
- Werden auffällige äußere Merkmale beschrieben?
- Welchen Beruf hat die Figur, wie sind ihre Lebensverhältnisse und ihr soziales Umfeld?
- Gibt es Informationen zur Vorgeschichte der Figur?

2. Wesentliche Charaktereigenschaften

- Zeigt die Figur typische Verhaltensweisen und Gewohnheiten?
- Was sind ihre besonderen Wesensmerkmale und Charakterzüge?
- Welches Bild hat die Figur von sich selbst?
- Welche Werte und Einstellungen prägen ihr Handeln?
- Zeigt die Figur eine Veränderung in ihren äußeren Merkmalen bzw. eine innere Entwicklung?
- Wie nehmen andere Figuren sie wahr?
- Welcher Art sind die Beziehungen zwischen der Figur und anderen Figuren?

3. Kommunikationsverhalten

- Wie kann der Sprachgebrauch der Figur allgemein beschrieben werden (Sprachebene, Sprachstil)?
- Welche Auffälligkeiten lassen sich auf Satz- oder Wortebene erkennen (Satzbau, Wortwahl, rhetorische Mittel)?
- Welche Aussagen werden durch die nonverbale Kommunikation (Gestik, Mimik, Körperhaltung) transportiert?
- Welche Gesprächsstrategien verfolgt die Figur?

4. Zusammenfassende Bewertung

- Wie lässt sich die Funktion der Figur für das Drama beschreiben?
- Welche Gesamtdeutung der Figur ergibt sich aus den gewonnenen Erkenntnissen?

Die folgenden Kurzcharakterisierungen der wichtigsten Figuren des Dramas bieten die wesentlichen inhaltlichen Anknüpfungspunkte für die Gestaltung einer Charakterisierung.

Karl von Moor

1. Personalien und sozialer Status

Karl von Moor ist der älteste und erbberechtigte Sohn des regierenden Grafen von Moor. Er ist Halbwaise und in Amalia, eine adlige Verwandte, verliebt. Im sächsischen Leipzig beginnt Karl als junger Erwachsener sein Studium, wo er zur Mittelpunktfigur der Studentenschaft avanciert. Obwohl sein Bruder Franz in seinem gefälschten Brief die Lebensumstände Karls in Leipzig überzeichnet darstellt, so wird doch deutlich, dass Karls Alltag von Fechtkämpfen, Trinkgelagen und Studentenstreichen geprägt ist, mit denen er brave Bürger in Angst und Schrecken versetzt (vgl. S. 20, Z. 19–S. 21, Z. 25). Außerdem ist er infolge seines ausschweifenden Lebensstils hoch verschuldet. Weil seine Gläubiger ihm mit Gefängnis drohen (vgl. S. 19, Z. 11–15), verlässt er mit seinen Anhängern die Stadt und hält sich zu Beginn der Dramenhandlung in einer Schenke an der sächsischen Grenze auf.

2. Wesentliche Charaktereigenschaften

2.1 Der Knabe Karl aus Sicht seines Bruders

Aus Franz' Schilderungen in Szene I, 1 erfährt man, dass Karl sich schon in seinen Knabenjahren als offener, „für jeden Reiz von Größe und Schönheit" (S. 9, Z. 35) empfänglicher Mensch mit ausgeprägter Fähigkeit zum Mitfühlen und Mitleiden erwiesen hat. Als Kind hat er die antiken Helden verehrt, aber auch gegen gesellschaftliche und religiöse Zwänge rebelliert (vgl. S. 9, Z. 16–24). Franz zufolge hat der Vater Mitschuld an dieser Entwicklung, weil er sein „Busenkind" (S. 12, Z. 23) verwöhnt hat, anstatt ihm klare erzieherische Grenzen zu setzen.

2.2 Karls Kritik an der erstarrten Gesellschaftsordnung

„Mir ekelt von diesem tintenklecksenden Säkulum, wenn ich in meinem Plutarch[1] lese von großen Menschen." (S. 17, Z. 15–17) Mit dieser harschen Zeitkritik wendet Karl sich gegen die herrschenden Zwänge der bürgerlichen Ge-

[1] Plutarch (etwa 40–120 n. Chr.): antiker Schriftsteller, der bekannt ist für seine Biografien berühmter Römer wie Augustus und Griechen wie Alexander der Große

sellschaft, die den Einzelnen einschränken und menschliche Größe verhindern. Den „abgeschmackten Konventionen“ (S. 18, Z. 27f.), der Heuchelei (vgl. S. 18, Z. 29–S. 19, Z. 2), der Scheinheiligkeit (vgl. S. 19, Z. 4–6), der Eitelkeit (vgl. S. 19, Z. 6f.), dem Neid und der Missgunst (vgl. S. 19, Z. 10f.) der Bürger stellt er die „gesunde Natur“ (S. 18, Z. 27) entgegen. Sein Freiheitsdrang duldet keine Einschränkung durch Gesetze (vgl. S. 19, Z. 16–21). Auch wenn Karl vage von der Möglichkeit träumt, sich „vor ein Heer Kerls wie ich“ (S. 19, Z. 25) zu stellen, äußert sich seine rebellische Einstellung zunächst in Studentenstreichen, für die er sich schließlich schämt (vgl. S. 21, Z. 26–28).

2.3 Erschütterter Glaube an die Ordnung der Welt

Karl glaubt zu Beginn des Stückes noch an eine gerechte, von den Vätern geordnete Welt (vgl. S. 24, Z. 16–18). Seine Reaktion auf den gefälschten Brief seines Bruders zeugt aber von extremen Stimmungsschwankungen. Unvermittelt gerät er in Raserei (vgl. S. 32, Z. 19) und macht die ganze Menschheit für die Kränkung verantwortlich (vgl. S. 31, Z. 23–32). Weder hinterfragt er das Zustandekommen des Briefes, noch sucht er Kontakt mit dem Vater. Seine Haltung radikalisiert sich, was dazu führt, dass er das Angebot, Räuberhauptmann zu werden, annimmt, weil es ihm die Gelegenheit gibt, seine Rachegelüste (vgl. S. 32, Z. 16–18) in die Tat umzusetzen: „Mein Geist dürstet nach Taten, mein Atem nach Freiheit, – Mörder, Räuber!“ (S. 33, Z. 12f.)

2.4 Rebellion aus fehlgeleitetem Idealismus?

Karl versucht, sein Räuberdasein mit idealistischen Gründen zu rechtfertigen: Einer als unzureichend wahrgenommenen Realität wird die Wunschvorstellung einer besseren Welt gegenübergestellt. Dabei richtet sich Karls Groll stark gegen die als machtbewusst und scheinheilig erlebte Kirche (vgl. z.B. S. 76, Z. 1–11). Als Räuberhauptmann hofft er, die Zustände im Land verbessern zu können, indem er die Machtstellung der Kirche sowie Günstlingswirtschaft und Korruption (vgl. S. 75, Z. 14–21) der weltlichen Herrschaft bekämpft. Karl will ein edler Räuber und Rächer der Unterdrückten (vgl. S. 76, Z. 33ff.) sein. Dazu passt allerdings nicht, dass er mit dem Entschluss, Räuberhauptmann zu werden, auf eine private Kränkung reagiert. Vor allem seine Äußerung, er wolle „[sich] eine fürchterliche Zerstreuung machen" (S. 33, Z. 20f.), steht dem entgegen.

2.5 Karl als autokratischer Räuberhauptmann

Obwohl Karl sich gegen den herrschenden Despotismus wendet, regiert er seine Räuberbande letztlich selbst autokratisch[1] (vgl. S. 33, Z. 24–26). Wegen seiner vorgeblich idealistischen Einstellung hält er sich den Räubern für moralisch überlegen: „Ihr seid nicht Moor. – Ihr seid heillose Diebe!" (S. 78, Z. 8f.) Teilweise beansprucht er die Vaterrolle, wenn er sie als „Kinder" (S. 71, Z. 35) bezeichnet, teilweise sieht er sie als Freunde und Kameraden. Für die Rettung des getreuen Roller ist er sogar bereit, sein Leben einzusetzen (vgl. S. 64, Z. 4–17, vgl. S. 66, Z. 18), und nimmt dabei den Tod zahlloser Unschuldiger in Kauf. In den böhmischen Wäldern führt er die Bande bewusst in eine Entscheidungssituation (vgl. S. 71, Z. 34f.). Mit seinem Charisma und seiner manipulativen Rhetorik gelingt es ihm, die Räuber an sich zu binden (vgl. z.B. S. 78, Z. 21–32). Abgesehen von Spiegelberg erkennt die Bande bis zur letzten Szene Moors Führungsanspruch an.

2.6 Karls Verhältnis zu Amalia

Während Amalia Karl bedingungslos und dauerhaft liebt, sind seine Gefühle ihr gegenüber starken Schwankungen unterworfen. Zwar erwähnt er sie anfangs kurz (vgl. S. 24, Z. 11f.), bei seinem Beschluss, Räuberhauptmann zu werden, spielt diese Liebe aber keine Rolle. Erst Kosinskys Schilderung in Szene III, 2 (vgl. S. 91, Z. 13–S. 93, Z. 7) sorgt dafür, dass Karl sich wieder an Amalia erinnert und beschließt, mit der ganzen Bande nach Franken zu ziehen. Für den Egozentriker Karl ist es selbstverständlich, dass Amalia seit seiner Abwesenheit ihr Leben „vertrauert"

[1] autokratisch: mit uneingeschränkter Machtfülle, selbstherrlich

(S. 93, Z. 21). Nach der Erneuerung ihrer Liebe sieht Karl sich in der Schlussszene in Gegenwart Amalias vor eine Entscheidung gestellt. Schon bevor die Räuber sie für die Bande fordern bzw. er sie opfern soll, ist Karl zwischen Tötungsfantasien, Fluchtgedanken und Liebesbekenntnissen hin- und hergerissen (vgl. S. 140, Z. 37–39, S. 141, Z. 5, S. 142, Z. 12–22). Weil er sich an den Treueschwur der Räuberbande gebunden fühlt, tötet er Amalia und macht damit seinen Besitzanspruch deutlich (vgl. S. 144, Z. 12f.).

2.7 Existenzielle Zweifel und Einsicht

Angesichts der Untaten Schufterles zweifelt Karl an seinem Entschluss, Räuber zu werden (vgl. S. 70, Z. 14–23). Nach der Schlacht mit den böhmischen Reitern verstärken sich seine Zweifel am eingeschlagenen Weg und er realisiert wehmütig den unwiederbringlichen Verlust der kindlichen Unschuld und der harmonisch geordneten Welt („Die ganze Welt eine Familie und ein Vater dort oben“, S. 86, Z. 3f.). In dieser Situation leistet er erneut den Schwur, der ihn auf ewig an die Räuberbande binden soll (vgl. S. 87, Z. 24–27). Nach dem Treffen mit Amalia erkennt er sein Scheitern (vgl. S. 117, Z. 12–24), verzichtet aber aus Stolz auf den Freitod (vgl. S. 118, Z. 28–30) und ist bereit, Verantwortung für sich selbst zu übernehmen. Im Anschluss an die Tötung der Geliebten verstärkt sich die Erkenntnis, „dass zwei Menschen wie ich den ganzen Bau der sittlichen Welt zugrund richten würden“ (S. 145, Z. 16–18). Damit realisiert er, wie ähnlich er und sein Bruder Franz sich in ihrer anmaßenden und selbstbezogenen Art sind. Als Konsequenz liefert er sich der Gerichtsbarkeit aus, um für seine Verfehlungen zu büßen.

3. Kommunikationsverhalten

Karls Sprache ist die eines leidenschaftlichen und rebellischen Stürmers und Drängers. Mit bildhaften, zugespitzten Formulierungen wie dem „schlappe[n] Kastratenjahrhundert“ (S. 18, Z. 20) werden die Enge und die Erstarrtheit der gegenwärtigen Gesellschaft angeprangert. Abwertend äußert sich Karl über einzelne Mitglieder der Gesellschaft – wie den „schwindsüchtige[n] Professor" (S. 18, Z. 2) – und deren Tätigkeiten wie „krabbeln" (S. 17, Z. 22f.) oder „kritteln" (S. 18, Z. 5f.). Im Kontrast dazu stehen positive Begriffe wie „Kraft", „Natur" und „Herz" (S. 18, Z. 23, Z. 27, Z. 28). Die Gegenwartskritik wird durch den Vergleich mit der Vergangenheit intensiviert: „Der hohe Lichtfunke Prometheus[1] ist ausgebrannt, dafür nimmt man itzt die Flamme von Bärenlappenmehl" (S. 17, Z. 20f.). Seine Identifikation mit den antiken Helden wird ferner anhand des Hektor-Liedes (vgl. S. 110, Z. 27–37) und des Brutus-Liedes (vgl. S. 115, Z. 22–S. 117, Z. 10) herausgestellt. Antithetisch aufgebaut ist auch die charakteristische Äußerung: „Das Gesetz hat zum Schneckengang verdorben, was Adlerflug geworden wäre." (S. 19, Z. 18f.) Karl fühlt sich von den gesellschaftlichen Normen eingeengt und stellt ihnen die Freiheit sowie die Natur gegenüber. Seine innere Unruhe, sein Tatendrang, sein ungezügeltes und schwankendes Temperament, aber auch seine zunehmende Verzweiflung werden über weitere sprachliche und dramaturgische Mittel transportiert. Dazu gehören Ausrufe wie „Menschen – Menschen! Falsche, heuchlerische Krokodilsbrut" (S. 31, Z. 23f.), Frageketten wie „Ist das Vatertreue? Ist das Liebe für Liebe?" (S. 32, Z. 2f.), Ellipsen und Satzbrüche, z. B.: „Raben tischen ihren Kleinen auf dem Aas, und er, er – Bosheit hab ich dulden gelernt […] – aber wenn Blutliebe zur Verräterin, wenn Vaterliebe zur Megäre wird; o so fange Feuer, männliche Gelassenheit" (S. 31, Z. 26–31). Auffällig sind die häufigen Reihungen mit parallelen Satzstrukturen (vgl. S. 33, Z. 12f.), teilweise mit inverser Satzstellung: „nimmer mir der Geliebten schmachtender Blick – nimmer nimmer des Busenfreundes Umarmung" (S. 86, Z. 6–8). Dazu passen

[1] Prometheus: himmelstürmender, kraftstrotzender Titanensohn der griechischen Sagenwelt, der den Menschen das Feuer brachte

auf semantischer Ebene zum einen Worthäufungen, teilweise mit Klimax – wie „erzielen, zermalmen, zernichten“ (S. 32, Z. 27) –, ebenso Zwillingsformeln wie „Abscheulichkeit und Schande“ (S. 144, Z. 20) und Wiederholungen (vgl. S. 106, Z. 34f.); zum anderen Übertreibungen wie „So liebte kein Sohn“ (S. 32, Z. 23) oder plastische Formulierungen wie „ich habe euch einen Engel geschlachtet“ (S. 144, Z. 20f.). Regieanweisungen wie *„Moor tritt herein in wilder Bewegung“* (S. 31, Z. 21) oder *„[Karl] wider eine Eiche rennend“* (S. 141, Z. 19) verdeutlichen seine Rastlosigkeit und Emotionalität. Wenn Karl glaubt, den verloren geglaubten Glückszustand wieder erreichen zu können („Im Schatten meiner väterlichen Haine, in den Armen meiner Amalia lockt mich ein edler Vergnügen.“, S. 24, Z. 10–12) bzw. dessen Verlust beklagt (vgl. S. 86, Z. 27–32), wird seine Sprache lyrischer und sein ganzes Auftreten schwärmerischer (vgl. S. 142, Z. 12).

4. Zusammenfassende Bewertung

Karl ist einer der beiden Protagonisten des Stückes. Im Vergleich zum Antagonisten, seinem Bruder Franz, ist seine Persönlichkeit weitaus facettenreicher. So hat er Ideale, besitzt ein einnehmendes, offenes Wesen und ist zu leidenschaftlichen Gefühlen fähig. Dennoch wird er Kopf einer kriminellen Vereinigung und tötet am Ende seine Geliebte. Mit seinem Aufbegehren gegen die Konventionen der bürgerlichen Gesellschaft, die die Handlungsspielräume des Einzelnen einengen, konnten sich viele zeitgenössische Leser identifizieren. Insofern ist Karl Moor eine typische Figur des Sturm und Drang. Der Ausweg, den Karl sucht, erweist sich jedoch als nicht gangbar, als unmoralisch und er führt ihn in die Nähe seines Bruders Franz. Karl ist also kein typischer Selbsthelfer des Sturm und Drang. Weder mit dem Nacheifern antiker Helden noch mit dem „Adlerflug“ (S. 19, Z. 19) lassen sich die Missstände der Zeit lösen.

Franz von Moor

Franz ist der jüngere Sohn des Grafen von Moor und als solcher nur der Zweite in der Erbfolge. Er beschreibt sich selbst als abstoßend und hässlich (vgl. S. 14, Z. 34–S. 15, Z. 2). Schon als Kind wurde er von seinem Vater abgelehnt, der Karl mehr liebte als ihn, „de[n] kalte[n], hölzerne[n] Franz" (S. 11, Z. 5). Zudem betont er seine Frömmigkeit, seine Häuslichkeit und sein Pflichtbewusstsein als Jugendlicher (vgl. S. 9, Z. 19–26). Unmittelbar vor Einsetzen der Handlung hat er einen gefälschten Brief verfasst (vgl. S. 14, Z. 25–27), in dem er Karls Lebensweise in Leipzig in drastisch überzeichneter Form wiedergibt (vgl. S. 8, Z. 13–S. 9, Z. 7) – in der Hoffnung, dass der Vater ihn statt Karl zum Erben macht.

1. Personalien und sozialer Status

Der Liebesentzug des Vaters führt bei Franz zur Verneinung von Gefühlen und Bindungen. Vor diesem Hintergrund entwickelt er sich zu einem reinen Verstandesmenschen, der mit scharfem Intellekt analysiert (vgl. S. 40, Z. 20–S. 42, Z. 6). Franz ist mit den wissenschaftlichen Theorien seiner Zeit vertraut (vgl. S. 40, Z. 20–22). Damit ist ein radikaler Aufklärer der Bösewicht des Stückes.

2. Wesentliche Charaktereigenschaften

2.1 Radikaler Aufklärer

Als radikaler Aufklärer glaubt er, Gewissen und Moral als Vorurteile entlarven zu können bzw. als Herrschaftsinstrument, um „die Narren im Respekt" halten zu können (S. 15, Z. 24f.). Franz fühlt sich deswegen weder an herrschende Moralvorstellungen gebunden (vgl. S. 102, Z. 24–31) noch an die geltenden Gesetze, denen gegenüber er auf dem Recht des Stärkeren beharrt: „Das Recht wohnet beim Überwältiger" (S. 15, Z. 14f.).

2.2 Amoralität

Letztlich fußt sein Weltbild auf einem extremen Materialismus, der den Menschen auf das Stoffliche reduziert und Ideale, Wertvorstellungen sowie menschliche Gefühle negiert. Ein deutlicher Beleg für diese Einstellung ist seine scharfe Wendung gegen die Bruder- und Vaterliebe, die er im ersten Monolog mit drastischen Worten artikuliert (vgl.

2.3 Franz' Materialismus

S. 16, Z. 5–11 bzw. Z. 31–34). Besonders ausgeprägt ist sein Materialismus in der ersten Szene des zweiten Aktes, als er überlegt, wie er seinen Vater, „diesen ärgerlichen zähen Klumpen Fleisch“ (S. 40, Z. 3 f.), aus dem Weg schaffen kann. Dessen menschlichen Körper betrachtet er als „Maschine“ (S. 40, Z. 21 f.), deren Aktivitäten die „Stimmungen des Geists“ (S. 40, Z. 21) beeinflussen und umgekehrt. Auf Grundlage dessen entwickelt er den Plan, den Vater durch den gezielten Einsatz von Affekten (vgl. z. B. S. 41, Z. 31 – S. 42, Z. 6) umzubringen. Als er nach der Rückkehr Karls um sein Werk fürchtet, tragen seine Gedanken geradezu nihilistische Züge, indem er die Sinnhaftigkeit menschlichen Strebens gänzlich verneint: „[D]er Mensch entstehet aus Morast und [...] macht Morast und gärt wieder zusammen im Morast“ (S. 102, Z. 39 – S. 103, Z. 1). Damit stellt er in diesem Moment aber auch sein Machtstreben infrage.

2.4 Überlegenheitsgefühle

Franz hält sich seinen Mitmenschen für überlegen (vgl. S. 15, Z. 32–34). Der anfängliche Erfolg der Intrige weckt in ihm die Bereitschaft zu immer kühneren Schachzügen (vgl. S. 40, Z. 7 f.). Er berauscht sich an seinem Plan, den Vater durch emotionale Schläge zu ermorden: „Den Körper vom Geist aus zu verderben – ha! ein Originalwerk!“ (S. 40, Z. 28 f.) In seinem Streben nach einer einzigartigen und unvergleichlichen Tat ähnelt er zugleich seinem Bruder Karl, was Schiller durch die Wortwahl verdeutlicht: So wie Karl sich mit seinem „Adlerflug“ über den „Schneckengang“ des gesetzlich geordneten Lebens erheben will (S. 19, Z. 18 f.), möchte sein jüngerer Bruder sich mit seinem „hochfliegende[n] Geist“ nicht „an den Schneckengang der Materie ketten lassen“ (S. 40, Z. 8–10).

2.5 Franz, der Despot

Weil er sich den Mitmenschen für überlegen hält, zu emotionalen Bindungen unfähig ist und sich von Recht und Moral nicht einschränken lässt, wird Franz zum Despoten. Sein Herrschaftsprogramm formuliert er schon in der ersten Szene: „Ich will alles um mich her ausrotten, was mich einschränkt, dass ich nicht Herr bin." (S. 17, Z. 8f.) Anders als sein eher väterlich herrschender Vater will Franz die Untertanen ohne Mitleid unterjochen (vgl. S. 55, Z. 30–33). Dass er diesen grausamen Plan umgesetzt hat, verdeutlicht die Aussage des Pastors Moser in Franz' letztem Auftritt: „Ihr habt das Leben von Tausenden an der Spitze Eures Fingers und von diesen Tausenden habt ihr neunhundertneunundneunzig elend gemacht" (S. 132, Z. 21–24).

2.6 Verhältnis zu Amalia

Franz liebt Amalia nicht, doch er will sie trotz seiner Bindungsunfähigkeit besitzen. Amalia als reine Seele lässt sich aber nicht von ihm manipulieren (vgl. S. 37, Z. 16–21). Da ihm die Liebenswürdigkeit und das einnehmende Wesen seines Bruders fehlen, setzt er sie mit der Androhung von Gewalt unter Druck und missachtet dabei ihr Selbstbestimmungsrecht: „[A]n den Haaren will ich dich in die Kapelle schleifen, [...] dein jungfräuliches Bette mit Sturm ersteigen und deine stolze Scham mit noch größerem Stolze besiegen." (S. 82, Z. 14–18)

2.7 Scheiternde Verdrängung

Bis zur Rückkehr Karls sind bei Franz weder Angst- noch Schuldgefühle wegen seiner Untaten zu bemerken, entweder weil er kein Gewissen hat oder weil er solche Gefühle erfolgreich verdrängt.

Erst als er bemerkt, dass Amalia sich zu dem angeblichen Grafen von Brand hingezogen fühlt, vermutet er dahinter im Widerspruch zu seinem Rationalismus „irgendein verderbenschwangeres Ungeheuer" (S. 97, Z. 24) und gerät in Unruhe. Sein Gewissen beschert ihm Albträume, die in einer Vision vom Jüngsten Gericht gipfeln (vgl. S. 127, Z. 31–S. 129, Z. 13). Alle Versuche, diese Träume ins Lächerliche zu ziehen, schlagen fehl (vgl. S. 129, Z. 25–31). Dazu passt auch, dass er angeblich aus Langeweile und um die christliche Idee vom Leben nach dem Tod zu widerlegen (vgl. S. 131, Z. 1–19), Pastor Moser holen lässt. Obwohl er dessen mahnende Worte als „Pfaffengewäsche"

(S. 132, Z. 16f.) abtun will, werden seine Gewissensqualen und seine Todesangst angesichts der nahenden Räuber heftiger (vgl. S. 134, Z. 24f., vgl. S. 135, Z. 14–19), sodass er sich schließlich umbringt.

3. Kommunikationsverhalten

Franz ist eine monologische Figur, die im Selbstgespräch neue Ideen für ihre kriminellen Pläne entwickelt. Franz will den Dingen auf den Grund gehen, dementsprechend beginnen viele seiner Äußerungen mit Fragepronomen (vgl. S. 14, Z. 32–S. 15, Z. 6). Seine Schlüsse haben oft die Form eines Ausrufs („Schwimme, wer schwimmen kann, und wer zu plump ist, geh unter!“, S. 15, Z. 9f.), der Tonfall ist häufig zynisch: „Armer Hase!“ (S. 15, Z. 32) Auffällig ist, dass sich der nüchterne Franz an seinen eigenen Ideen berauschen kann, so etwa bei seiner gebetsartigen Anrufung der negativen Empfindungen, die den Vater töten sollen. Dementsprechend ist diese Passage mit Fragen, kurzen Ausrufen und plastischen Bildern, die seine Empfindungen verdinglichen, gespickt (vgl. S. 41, Z. 11–31). Auch an anderen Stellen formuliert er seine materialistische Weltsicht mit derben, plastischen Worten: „Er ist aus eben dem Ofen geschossen worden, aus dem du geschossen bist“ (S. 16, Z. 9f.). Seine Verbrechen rechtfertigt er als Reaktion auf einfache Sinnesreize: „Nun kommt mich eben auch der Kitzel an – und dran krepiert ein Mensch“ (S. 102, Z. 14f.). In ausdrucksstarker und bildmächtiger Bibelsprache ist seine Vision vom Jüngsten Gericht gehalten (vgl. S. 128, Z. 1–8), wohingegen er seine Todesangst in gotteslästerlichen, fast schon paradoxen Wendungen schildert (vgl. S. 135, Z. 18). Sein ausbrechender Wahnsinn führt schließlich sogar zur Auflösung der Syntax (vgl. S. 136, Z. 15–21). Der Dialog ist für Franz indes vor allem ein Mittel der Herrschaftsausübung. Seinen Vater versteht er mit List und Verstellungskunst zu beeinflussen. Dabei versucht er, durch Andeutungen, strategisch eingesetztes Abwiegeln und vorgetäuschte Fürsorge das Interesse seines Gegenübers zu wecken (vgl. S. 7, Z. 10–12, Z. 16–19). Überhaupt fallen bei ihm viele manipulative Redebeiträge auf: Um Karl wirkungsvoll beim Vater zu denunzieren, listet er erst in einem langen Satzgefüge mit zahlreichen Attributsätzen die vielversprechenden Anlagen auf, die der alte Moor in Karl gesehen hat. Dann demonstriert er dem Vater, zu welchen charakterlichen Defiziten sich diese entwickelt hätten, wobei er jeden Satz mit „Seht" einleitet (S. 10, Z. 10, Z. 13, Z. 17).

4. Zusammenfassende Bewertung

Franz ist die Gegenfigur zu Karl, den er beneidet und den er mit allen Mitteln überflügeln und verdrängen will. An dieser Entwicklung trägt der Vater Mitschuld, der ihn emotional vernachlässigt hat. Dadurch ist Franz zu einem gefühllosen Menschen geworden, der auf seine Mitmenschen abstoßend wirkt. Dies versucht er durch Machtstreben zu kompensieren und wird dabei zum Verbrecher. Trotz aller Gegensätzlichkeit haben die beiden ungleichen Brüder Gemeinsamkeiten: Beide überschätzen sich selbst, beide wollen sich selbst verwirklichen, beide wollen außergewöhnliche Taten vollbringen und sind nicht bereit, sich dabei einschränken zu lassen. Mit Franz ist ein radikaler Aufklärer der Bösewicht des Stückes. Hellsichtig stellt der junge Schiller an dessen Beispiel die Frage nach den Schattenseiten der Aufklärung, nach den Problemen einer lediglich instrumentellen Vernunft: Wenn Gewissen und Moral scheinbar als Vorurteile entlarvt werden, welche Kräfte sollen dem Menschen dann Orientierung geben?

Amalia von Edelreich

1. Personalien und sozialer Status

Amalia, die einzige Frauenfigur des Stückes, ist eine junge Adelige (vgl. S. 96, Z. 23f.), die am Hof des Grafen von Moor lebt, wobei die genauen verwandtschaftlichen Beziehungen zum Grafengeschlecht im Dunkeln bleiben. Deutlich wird, dass der alte Moor ihr sehr zugetan ist und sie als Tochter betrachtet (vgl. S. 81, Z. 9–11). Bevor Karl den heimischen Besitz verlassen hat, um in Leipzig zu studieren, haben sich die beiden ineinander verliebt und sich ewige Treue geschworen (vgl. S. 38, Z. 35–38). Seither wartet sie auf seine Rückkehr.

2. Wesentliche Charaktereigenschaften

2.1 Von Edelreich – ein sprechender Name

Amalia ist ein großherziger und anständiger Mensch. Das wird an vielen Stellen deutlich: Karl etwa will in Amalias Armen „ein edler Vergnügen“ (S. 24, Z. 11 f.) als bei seinen Studentenstreichen finden. Außerdem verzeiht sie dem alten Moor, dass er ihren Geliebten verstoßen hat (vgl. S. 46, Z. 1–4), obwohl er damit ihre Lebensplanung zunichtegemacht hat. Zudem empfindet sie Mitleid für Hermann (vgl. S. 83, Z. 29) und zeigt sich gegenüber Bettlern wohltätig (vgl. S. 48, Z. 16). Somit agiert Amalia, anders als die Brüder Moor, überhaupt nicht selbstbezogen. Ihre Gesinnung kommt auch in ihrem Nachnamen – Edelreich – zum Ausdruck.

2.2 Amalias unerschütterliche Liebe zu Karl

Sie lässt sich in ihrer Liebe zu Karl nicht beirren und widersteht den Annäherungsversuchen und Manipulationen seines jüngeren Bruders, der sie unbedingt besitzen will (vgl. z. B. S. 36, Z. 7–30, vgl. S. 51, Z. 3 f.), bis sie schließlich den Entschluss fasst, in ein Kloster zu gehen (vgl. S. 83, Z. 7–10). Über Amalias Äußerungen, die im Kontrast zu Franz’ gefälschtem Brief und Karls Verhalten als Räuberhauptmann stehen, wird Karls Charakterbild für den Leser um einige positive Facetten ergänzt (vgl. S. 34, Z. 13–19). Sie bleibt ihrem Geliebten nach dessen vermeintlichem Tod treu und vertröstet sich mit dem Gedanken an ein gemeinsames Leben im Jenseits: „Sterben ist Flug in seine Arme.“ (S. 53, Z. 33) Auch als sie am Ende des Dramas von seinen Untaten hört, bleibt sie ihm treu: „Mörder! Teufel! Ich kann dich Engel nicht lassen.“ (S. 142, Z. 1 f.)

2.3 Vergötterung Karls

Diese Formulierung zeigt, dass Amalias Liebe zu Karl sogar religiöse Züge trägt, die sich im Lauf der Handlung noch verstärken. Das wird besonders im vierten Akt deutlich, als Amalia auf den falschen Grafen von Brand trifft und sich in ihn verliebt. Mit Formulierungen wie „Im Herzen, wo Karl herrscht, darf kein Erdensohn nisten." (S. 108, Z. 13f.) oder „Meine Seele hat nicht Raum für zwei Gottheiten" (S. 108, Z. 25f.) versucht sie, sich an ihren Treueid Karl gegenüber zu erinnern, bis sie schließlich im Grafen von Brand den Geliebten erkennt (vgl. S. 110, Z. 27–33). Ihre Vergötterung Karls ist im Übrigen gepaart mit einer gehörigen Portion unschuldiger Naivität, was dessen Charakter angeht (vgl. S. 110, Z. 22–24).

2.4 Amalia – eine passive Figur?

In gewisser Hinsicht ist Amalia eine passive Figur, die ohnmächtig und schwärmerisch zugleich dem verlorenen Geliebten nachtrauert und sich mit dem Gedanken ans Jenseits vertröstet. Andererseits wehrt sie Franz' Avancen sehr entschlossen (vgl. S. 82, Z. 19) und teilweise auch mit List ab (vgl. S. 82, Z. 33–35). Als sie von den Räubern in der letzten Szene zu Karl gebracht wird, sorgt sie für Dynamik: Ihr Erscheinen bringt Karl dazu, sich seinem Vater zu erkennen zu geben, ehe sie für eine neue dramatische Wendung sorgt: Weil ihr klar wird, dass es keine gemeinsame Zukunft mit Karl gibt, fordert sie ihn auf, sie zu töten, und droht mit Selbstmord (vgl. S. 143, Z. 21–23, vgl. S. 144, Z. 10).

3. Kommunikationsverhalten

Amalias lyrische und empfindsame Sprache kontrastiert scharf mit der Sturm-und-Drang-Rhetorik ihres Geliebten und dem meist kalten, analytischen Sprachgebrauch des Rationalisten Franz. Deutlich wird dies im Dialog mit von Brand/Karl, als sie ihren Geliebten in einer langen, anaphorisch aufgebauten Satzreihe verherrlicht und dabei auf alle menschlichen Sinne eingeht (vgl. S. 109, Z. 14–21). Gleich im Anschluss verdeutlicht sie von Brand die Unbedingtheit ihrer Liebe durch eine von starken Bildern geprägte lange Satzreihe mit paralleler Syntax, in der sie Karl als entgrenzten und übermenschlichen Charakter preist. Durch den

Wechsel zwischen „er" und „Amalia" unterstreicht sie ihre Zusammengehörigkeit in allen Lebenslagen (vgl. S. 109, Z. 23–33). Häufig kombiniert sie religiöse Begriffe und Bilder mit Liebesrhetorik, aber auch mit dem Motiv der Todessehnsucht. Dabei werden euphemistische Umschreibungen für Tod und Sterben gewählt: „Ja süß, himmlisch süß ist's, eingewiegt zu werden in den Schlaf des Todes von dem Gesang des Geliebten" (S. 47, Z. 19–21). Innerlichkeit und Jenseitsorientierung werden unterstrichen durch das wiederholte Auftreten des Vergänglichkeitsmotivs, wie etwa bei der folgenden Antithese: „So hat die Welt sich umgedreht, Bettler sind Könige und Könige sind Bettler!" (S. 39, Z. 13f.) Zur Idealisierung des Geliebten werden nicht nur religiöse Begriffe und Motive verwendet, sondern Amalia vergleicht Karl auch mit antiken bzw. mythischen Heroen. Besonderes Augenmerk verdienen in diesem Zusammenhang die Lieder, die Amalia singt (vgl. S. 47, Z. 26–31, vgl. S. 80, Z. 2–21).

Das Bild der empfindsamen, schwärmerischen Heldin wird durch ihr Handeln und ihre Gestik und Mimik abgerundet: Sie *„singt und spielt auf der Laute"* (S. 110, Z. 27), ist voller zärtlicher Gesten (vgl. S. 46, Z. 7, Z. 32). Häufiges Springen (vgl. S. 38, Z. 35) verdeutlicht ihre Emotionalität. Um den aufdringlichen Franz abzuwehren, wird Amalia mitunter aber auch sarkastisch (vgl. S. 82, Z. 4–7).

4. Zusammenfassende Bewertung

Die empfindsame und schwärmerische Amalia wird von beiden Moors begehrt. Sie ruht in sich selbst und ihrer Liebe zu Karl, dem sie auch nach Aufdeckung seiner verbrecherischen Taten die Treue hält. Ihre absolute Liebe und ihr sicheres Gefühl bewahren sie davor, ähnlich wie der alte Moor von Franz missbraucht zu werden. Allerdings bleibt sie über weite Strecken nur Dulderin ihres Schicksals; eigene Schritte, um Karl wiederzusehen oder etwas über ihn zu erfahren, leitet sie nicht ein. Amalia wirkt auf den heutigen Leser womöglich wenig lebensecht und zu stark idealisiert.

Dabei muss man jedoch bedenken, dass sie die erste weibliche Dramenfigur eines noch sehr jungen Dichters ohne große Erfahrung mit Frauen ist.

Maximilian von Moor

1. Personalien und sozialer Status

Maximilian von Moor wird von Amalia als „ehrwürdig[er]" (S. 46, Z. 1) Greis mit weißem, gelocktem Haar beschrieben. Er selbst gibt sein Alter mit 80 Jahren an (vgl. S. 12, Z. 1 f.), wohl um das Ausmaß des Leides zu verdeutlichen, das Karl über ihn gebracht hat. Im Personenverzeichnis wird Maximilian als „regierender Graf von Moor" geführt. Damit ist er ein Angehöriger des Hochadels, der zudem in seinem Gebiet die Herrschaftsrechte ausübt. Sein Geschlecht gehört zum alten Adel, denn der Ahnherr des Hauses wurde vom mittelalterlichen Stauferkaiser Friedrich I. Barbarossa (1150–1190) in den Adelsstand erhoben (vgl. S. 95, Z. 30–32). Aus einer nicht näher beschriebenen, aber offensichtlich legitimen Verbindung hat er zwei erbberechtigte Söhne. Über das Schicksal seiner Frau erfährt der Leser nichts, klar ist nur, dass Maximilian alleinstehend ist. Da die Frau weder im Dialog zwischen Franz und seinem Vater über dessen Erziehungsfehler (vgl. Szene I, 1) noch in Karls schwelgerischen Erinnerungen an seine Kindheit (vgl. Szene IV, 1) eine große Rolle spielt, ist sie wohl früh verstorben und hat auf die Erziehung ihrer Kinder keinen Einfluss nehmen können.

2. Wesentliche Charaktereigenschaften

2.1 Vertreter der alten Ordnung

Als regierender Graf herrscht Maximilian anders als sein despotischer Nachfolger Franz väterlich (vgl. S. 55, Z. 24–26): Er kümmert sich um seine Untertanen, Bettlern gegenüber verhält er sich wohltätig (vgl. S. 48, Z. 13–15). Sein Ehrbegriff ist traditionell gefärbt („Mein Name! Mein ehrlicher Name!", S. 9, Z. 11 f.). Um seine eigene Situation zu deuten, verweist er auf biblische Geschichten wie das Gleichnis vom verlorenen Sohn (vgl. S. 52, Z. 14–19) oder die Geschichte von Jakob und seinem Lieblingssohn Joseph, der Opfer einer Intrige seiner Brüder wurde (vgl. S. 54, Z. 6–12). Gott ist für ihn die letztliche Ursache allen Geschehens (z. B. vgl. S. 11, Z. 14–17). Religiöse Werte bestimmen auch sein Verhalten Franz gegenüber nach seiner Befreiung, als er diesem verzeihen will (vgl. S. 137, Z. 7 f.). Diese menschliche Größe zeigt sich außerdem, als er an das Erbarmen des Hauptmanns appelliert (vgl. S. 139, Z. 7–11).

2.2 Erziehungsfehler

Die charakterlichen Defizite der beiden Brüder haben ihre Wurzeln ganz offensichtlich in einer problematischen Erziehung. Der alte Moor hat das Fehlen der Mutterfigur nicht ausgleichen können. Aus Franz' Äußerungen wird deutlich, dass der Vater erstens zu nachsichtig und zu schwach gewesen ist, dem ungezügelten Temperament seines verhätschelten Erstgeborenen Grenzen aufzuzeigen. Zweitens hat er gegen den Grundsatz der Gleichbehandlung verstoßen und Franz die benötigte emotionale Zuwendung versagt (vgl. S. 11, Z. 3–13).

2.3 Beeinflussbarkeit und Passivität

Von Franz lässt er sich zu Beginn des Dramas mithilfe des gefälschten Briefes recht leicht dazu manipulieren, seinen Erstgeborenen zu verstoßen. Auffällig ist, dass er weder an dieser Stelle noch später Franz' Aussagen überprüft. Da er die Verantwortung und die damit einhergehende Belastung scheut, überlässt er es Franz, Karl von der Enterbung zu berichten (vgl. S. 14, Z. 4 f.). Als er im Bewusstsein des herannahenden Todes zunehmend von einem schlechten Gewissen Karl gegenüber geplagt wird (vgl. S. 47, Z. 14–18), unternimmt er – immerhin ein regierender Graf! – nichts, um Kontakt mit diesem aufzunehmen. Dazu trägt seine traditionelle Religiosität bei, die ihm hilft, sein Schicksal ohne Aufbäumen anzunehmen.

3. Kommunikationsverhalten

Zetern und Jammern machen einen wesentlichen Teil der Redebeiträge des alten Moor aus. Dementsprechend ist seine Sprache geprägt von Ausrufen (z. B. vgl. S. 9, Z. 31 f.),

die teilweise die Form von Apostrophen[1] (vgl. S. 7, Z. 27) haben.
Oft werden die Wörter und Wortgruppen in den Ausrufen wiederholt (vgl. S. 13, Z. 1 f.), teilweise auch gesteigert: „Gerecht! Sehr gerecht! – Mein, mein ist alle Schuld!" (S. 13, Z. 10f.) Dazu passt seine Körpersprache: Er weint (vgl. S. 9, Z. 11), lallt, schreit, rauft sich die Haare aus und zerfleischt sein Gesicht (vgl. S. 50, Z. 30–S. 51, Z. 20). Die Verwendung von Satzbrüchen illustriert seine Emotionalität, aber auch seine Ohnmacht. Besonders deutlich wird diese bei der zweimal wiederholten Aufforderung an Franz – „Schreib ihm" (S. 14, Z. 5, Z. 7, Z. 12) –, die aber inhaltsleer bleibt. Was Franz Karl mitteilen soll, kann oder will er nicht ausdrücken. Ähnlich wie die Sprache Amalias ist seine Sprache empfindsam und schwärmerisch, wenn er an seinen verlorenen Sohn denkt. In ihrem Dialog nehmen beide die emphatischen, hyberbolischen Formulierungen des Gegenübers auf und spinnen sie weiter (vgl. S. 47, Z. 7–25). Mit euphemistischen Metaphern durchsetzt ist sein Bericht vom tragischen Schicksal seines Erstgeborenen (vgl. S. 138, Z. 18–20). Längere Redebeiträge liefert der alte Moor nur in Szene IV, 5, als er dem Hauptmann in epischer Breite die Geschichte seiner Einkerkerung schildert (vgl. S. 120, Z. 33–S. 122, Z. 21).

4. Zusammenfassende Bewertung

Maximilian von Moor ist väterlich zu Kindern und Untertanen. Aber durch seine Erziehungsfehler und seine Gutgläubigkeit Franz gegenüber hat er Mitschuld an der tragischen Entwicklung, ansonsten gehen aber keine wesentlichen Handlungsimpulse von ihm aus. Der alte Moor mit seinem voraufgeklärten Weltbild wirkt ohnmächtig und wird zum Opfer der Intrigen Franz', weswegen der Zuschauer starkes Mitleid mit ihm empfindet. Am Ende des Stückes gewinnt er durch sein Schicksal an Größe. Der für die Literatur des

[1] Apostrophe: Anrede einer abwesenden Person oder Sache

Sturm und Drang typische Generationenkonflikt, der zu einer Rebellion der Kinder gegen die Väter führt, nimmt in Schillers Erstling eine besondere Form an. Die Kinder rebellieren nicht gegen einen harten, despotischen Vater, sondern gegen einen nachgiebigen, der keine erkennbaren Machtinteressen verfolgt und mit der Erziehung seiner Kinder überfordert gewesen ist.

Moritz Spiegelberg

1. Personalien und sozialer Status

Im Personenverzeichnis ist Moritz Spiegelberg als „Libertiner" aufgeführt. Darunter versteht man einen Freidenker, aber auch einen Freigeist, der sich nicht an moralische Normen hält. In einer Schilderung seiner Knabenzeit klingt an, dass er einfacherer Herkunft ist als Karl (vgl. S. 22, Z. 10–19). Außerdem ist er Jude (vgl. S. 20, Z. 4f.). Anders als Karl Moor, dessen Ausschweifungen als Student noch als Studentenstreiche bezeichnet werden können, ist er schon vor der Gründung der Bande kriminell geworden (vgl. S. 23, Z. 12–16). Seine Sprechweise und seine geschichtlichen Kenntnisse kennzeichnen ihn als intelligenten und belesenen Menschen (vgl. S. 17, Z. 18f.). Er ist die treibende Kraft hinter der Gründung der Räuberbande und nimmt eine herausgehobene Stellung ein: So agiert er selbstständig als Werber neuer Mitglieder (vgl. S. 56, Z. 6–10). Wegen seiner Verbrechen gelangt er in der Öffentlichkeit zu zweifelhaftem Ruhm (vgl. S. 56, Z. 21–23).

2. Wesentliche Charaktereigenschaften

2.1 Prahlerei und hochfliegende Pläne

Spiegelberg ist ein Prahlhans und Angeber, der voller Geltungsdrang fantastische Pläne schmiedet, etwa wenn er Karl Moor vorschlägt, das Königreich der Juden wieder zu begründen (vgl. S. 19, Z. 29–S. 20, Z. 16). Dabei berauscht er sich selbst an seinen eigenen Hirngespinsten: „Riesenplane gären in meinem schöpfrischen Schädel."

(S. 23, Z. 26f.) Es ist also die Sucht nach Ruhm, die ihn antreibt (vgl. S. 24, Z. 5–8).

Mit rhetorischem Geschick kann Spiegelberg die anderen Libertiner überzeugen, Mitglieder der Räuberbande zu werden. Dem „Meisterredner" (S. 28, Z. 19) gelingt es, das Räuberdasein als Ausweg aus ihrer hoffnungslosen Lage darzustellen, und er ködert sie mit der Aussicht auf „Ruhm und Unsterblichkeit" (S. 28, Z. 15). Ähnlich erfolgreich ist er bei der Anwerbung neuer Räuber, die er mit List und Tücke aus ihrem bürgerlichen Dasein reißt (vgl. S. 60, Z. 17–30). Nicht umsonst wird er von Roller als „Teufel" (S. 30, Z. 18) bezeichnet, der die Menschen in Versuchung führt. 2.2 Manipulativer Charakter

Spiegelberg missgönnt Karl die Position als Räuberhauptmann, die er zunächst erfolglos selbst beansprucht hat (vgl. S. 30, Z. 31–33), und trägt sich mit dem Gedanken, diesen zu töten (vgl. S. 33, Z. 9). Anders als Karl rechtfertigt er seine Verbrechen nicht mit idealistischen Motiven, sodass er innerhalb der Bande zu einer Gegenfigur Karls wird. Das zeigen ihre Rekrutierungspraktiken deutlich: Im Gegensatz zu Spiegelberg zieht Karl nicht nur Gesindel an, sondern führt auch „ehrliche Kerl in Versuchung" (S. 62, Z. 7), die Spiegelberg aber für weniger geeignet als seine eigenen Rekruten hält (vgl. S. 62, Z. 4). Wegen seiner Feigheit ist Spiegelberg bei den Räubern nicht beliebt und wird schließlich von Schweizer ermordet, als er Razmann überreden will, gemeinsam ein Attentat auf Karl zu verüben (vgl. S. 112, Z. 13–S. 113, Z. 30). 2.3 Spiegelbergs Neid auf Karl

Ähnlich wie Franz verneint Spiegelberg Gesetz und Moral. So treibt er bei seinen Streifzügen einen üblen Scherz so weit, dass schließlich ein Unschuldiger hingerichtet wird, während er selbst „der superklugen Gerechtigkeit hinterrucks Eselsohren" (S. 57, Z. 13f.) zeigt. Sein Bericht von der grausamen Plünderung eines Nonnenklosters (vgl. S. 57, Z. 16–S. 58, Z. 26) charakterisiert ihn als brutalen Sadisten. 2.4 Amoralität

2.5 Spiegelberg als Komödiant

Spiegelberg ist zwar ein Schurke, hat aber im Gegensatz zu Franz auch komödiantische Züge. Das liegt zum einen an seiner plastischen, schwadronierenden Redeweise, zum anderen an seinen Verhaltensweisen. Als die anderen Libertiner in der Grenzschenke ihr Augenmerk auf Karl und den Brief richten, entwickelt er im Hintergrund unhörbar, aber mit übersteigerter Gestik und Mimik weiterhin fantastische Pläne. Diese pantomimische Vorstellung erzeugt auf der Bühne eine komische Wirkung (vgl. S. 25, Z. 12–17).

3. Kommunikationsverhalten

Typisch für Spiegelberg ist es, auf anschauliche, oft derbe Art und Weise von vergangenen Erlebnissen zu erzählen (vgl. S. 20, Z. 19–S. 21, Z. 25), wobei er häufig die Dialoge wiedergibt, oder in kraftmeierischer Sprache von zukünftigen Ruhmestaten zu schwärmen (vgl. S. 20, Z. 5–16). Immer wieder bezieht er sich auf seine Dialogpartner, um sich deren Aufmerksamkeit zu versichern (vgl. S. 61, Z. 20f.). Parallel aufgebaute Frageketten sollen den Kameraden anfangs die Ausweglosigkeit ihrer Situation verdeutlichen (vgl. S. 27, Z. 8–21), mit einer Reihe von Steigerungen eröffnet er ihnen ihre angeblichen Chancen einer Räuberkarriere (vgl. S. 28, Z. 13–17). Geplante oder begangene Verbrechen werden mit beschönigenden Worten verharmlost (vgl. S. 28, Z. 23–33, vgl. S. 58, Z. 24–26). Um seine Bildung unter Beweis zu stellen, benutzt er häufig Fremdwörter, führt aber gleichzeitig sein Handeln auf sehr einfache Maximen zurück: „Das hab ich aus meiner starken Praxi wohl fünfzigmal abstrahiert, wenn der ehrliche Mann einmal aus dem Nest gejagt ist, so ist der Teufel Meister" (S. 61, Z. 1–3).

4. Zusammenfassende Bewertung

Spiegelberg gibt den Anstoß zur Gründung der Räuberbande und ist innerhalb der Räuberhandlung Karls Gegenspieler. Durch den Vergleich mit dem amoralischen Schurken Spiegelberg wird Karls Profil als „edler Räuber" geschärft. Anders als Franz Moor, der wichtigere Gegenspieler Karls, ist Spiegelberg kein kühler Rationalist, sondern ein Prahlhans mit humoristischen Zügen. Nicht zuletzt hat

Spiegelberg die Funktion, Selbstmitleid (vgl. S. 18, Z. 10) und Rechtfertigungen Karl Moors zu entlarven, denn er erkennt, dass Karl die Räuberbande beherrscht, ohne die Freiheit der einzelnen Mitglieder zu achten (vgl. S. 112, Z. 26–29).

Daniel

1. Personalien und sozialer Status

Daniel ist ein 71 Jahre alter Mann, der seit 44 Jahren im Dienst der Familie Moor steht (vgl. S. 101, Z. 5–17). Als Hausdiener nimmt er sozial eine untergeordnete Stellung ein, kommt jedoch mit der adeligen Herrschaft in Kontakt. So hat er sich häufig um den kleinen Karl gekümmert und diesen verwöhnt, wofür der junge Grafensohn versprochen hat, Daniel einst zum Verwalter zu machen (vgl. S. 104, Z. 7–S. 105, Z. 19).

2. Wesentliche Charaktereigenschaften

2.1 Treue und Redlichkeit

Wie er selbst betont, hat er dem Hause Moor ein Leben lang treu und gehorsam gedient und ein tugendhaftes, gottesfürchtiges Leben geführt (vgl. S. 101, Z. 5–10). Große Kraft schöpft er aus seiner Religiosität. Das zeigt sich auch am Ende des Stückes, als er Franz' Visionen als Zeichen Gottes interpretiert und für Franz beten will (vgl. S. 129, Z. 20).

2.2 Gewissen gegen Gehorsamspflicht

Obwohl er sich Franz gegenüber insgesamt äußerst unterwürfig verhält, weigert er sich, dessen Mordbefehl auszuüben. Zwar ist ihm Gehorsam wichtig, aber nur, „wenn es nicht wider Gott und [s]ein[ ] Gewissen geht" (S. 100, Z. 11 f.). Dabei bleibt er, selbst als Franz ihm androht, ihn in ein Verlies zu werfen (vgl. S. 101, Z. 29–32).

2.3 Daniels Schwanken

Weil Franz weiter Druck auf ihn ausübt, gibt Daniel nach und verspricht, den Grafen von Brand/Karl umzubringen. Ob er dies tatsächlich vorhat oder lediglich Zeit gewinnen will, um Karl zu informieren, kann nicht eindeutig beantwortet werden. Sein Verhalten beim Treffen mit Karl legt

Letzteres nahe (vgl. S. 103, Z. 13 f.). Am Ende will Daniel, obwohl er dann völlig mittellos wäre, aus dem Schloss fliehen, um seinen Seelenfrieden zu retten (vgl. S. 125, Z. 14 f.).

3. Kommunikationsverhalten

Seiner Rolle gemäß wirkt Daniel unterwürfig (vgl. S. 98, Z. 11). Seine Redeweise ist durchsetzt von religiösen Formeln (vgl. S. 99, Z. 7 f.). In äußerster Not ruft er Gott oder die Mutter Gottes an (vgl. z. B. S. 100, Z. 23, Z. 26). Franz' bohrende Fragen nach dem Grafen von Brand weist er dreimal knapp, aber entschlossen zurück (vgl. S. 99, Z. 13, Z. 18, Z. 22).

Anders ist seine Redeweise Karl/Graf von Brand gegenüber, mit dem er in einem liebevollen, neckischen Tonfall spricht („Ei pfui doch, pfui doch!", S. 104, Z. 7). Sein Vertrauensverhältnis zeigt sich auch daran, dass er den Mut zur Kritik an Karl hat (vgl. S. 105, Z. 14–19).

4. Zusammenfassende Bewertung

Im Rahmen der Schlosshandlung ist Daniel eine redliche Figur, die den Manipulationen Franz Moors widersteht, obwohl sie von diesem abhängig ist. Damit wird Daniel zur Gegenfigur des leicht verführbaren Hermann. Durch Daniels liebevolle Schilderung einer Episode aus der Kindheit des jungen Karl wird dieser beim Leser in ein besseres Licht gerückt. Wichtig für die Handlung ist Daniel außerdem, weil er Karl die Intrigen seines Bruders aufdeckt.

Kosinsky

1. Personalien und sozialer Status

Kosinsky ist kein Gründungsmitglied der Räuberbande und trifft erst in der zweiten Szene des dritten Aktes erstmals auf die Räuber. Der 24 Jahre alte böhmische Edelmann mit kräftiger Statur (vgl. S. 89, Z. 20–31) will Bandenmitglied werden. Bereits in jungen Jahren hat er den Besitz seines verstorbenen Vaters geerbt und sich in eine deutsche Bürgertochter namens Amalia verliebt. Doch er wird Opfer einer infamen Briefintrige des Ministers seines Landesfürsten, in deren Folge Amalia Mätresse am Fürstenhof wird, er selbst seine Güter verliert und des Landes verwiesen wird (vgl. S. 91, Z. 13–S. 93, Z. 7). Deshalb führt er ein Leben als Soldat und Abenteurer (vgl. S. 89, Z. 1–4).

2. Wesentliche Charaktereigenschaften

2.1 Kosinskys Rebellion

Das Trauma des Verlusts der Geliebten und der Heimat, verbunden mit der Erfahrung der Willkür am Fürstenhof, haben Kosinsky zum Rebellen gegen die herrschende Ordnung gemacht.

2.2 Karl als Vorbild

In Karl sieht er einen Helden, der mit seiner Bande für die Freiheit und gegen soziale Ungerechtigkeit kämpft (vgl. S. 88, Z. 6–11). Seinem Beispiel will er folgen, im Wissen, dass er damit zum Gesetzesbrecher wird (vgl. S. 89, Z. 37 f.).

4. Zusammenfassende Bewertung

Kosinskys Werben um Karl verdeutlicht dessen Anziehungskraft und die seiner Beweggründe. Sein Bericht von den erlittenen Verbrechen bringt die Handlung nach der Flucht aus Böhmen neu in Gang, weil Karl dadurch motiviert wird, mit den Räubern in seine Heimat Franken zurückzukehren – das Schicksal des böhmischen Adeligen erinnert ihn an sein eigenes. Kosinsky wird sogar zum Vertrauten Karls und darf diesem bei seinem Besuch im väterlichen Schloss begleiten (vgl. Szene IV, 1). Im Vergleich wird aber auch Karls Anmaßung deutlich, denn Kosinskys Motive, Räuber zu werden, wirken weitaus überzeugender.

Hermann

1. Personalien und sozialer Status

Hermann ist der uneheliche Sohn eines Adeligen und dürfte das Ergebnis einer illegitimen Verbindung zwischen seinem adeligen Vater und einer Bürgerlichen sein. Als solcher hat Hermann innerhalb seiner Familie eine Außenseiterrolle eingenommen (vgl. S. 43, Z. 7–11). Obwohl er formal einen „Adelbrief" (S. 43, Z. 13) besitzt, scheinen seine Lebensumstände elend zu sein. Möglicherweise hängt dies mit einer Auseinandersetzung mit dem alten Moor zusammen (vgl. S. 42, Z. 17f.). Er begehrt Amalia, wurde aber schon vor Einsetzen der Handlung von ihr abgewiesen und im Zuge dessen von Karl verspottet (vgl. S. 43, Z. 4f.).

2. Wesentliche Charaktereigenschaften

2.1 Minderwertigkeitskomplexe und Revanchegelüste

Wegen seiner zweifelhaften Herkunft und seiner unwürdigen Lebensumstände fühlt sich Hermann minderwertig. Weil er sich von Karl Moor und dessen Vater beleidigt fühlt, sinnt er auf Revanche. Sein Trotz und seine Aggressivität werden durch die Regieanweisungen wie *„in Hitze"* (S. 44, Z. 23) sowie viele kurze Ausrufe und Racheschwüre (vgl. S. 43, Z. 31 f.) verdeutlicht, mit denen er Franz' Ausführungen unterbricht.

2.2 Manipulierbarkeit und Einfalt

Durch Franz' rhetorisches Geschick lässt sich Hermann manipulieren, Teil der Intrige zu werden. Begünstigt wird dies durch seine Einfalt, die erkennbar wird, als er sich von Franz die Backen streicheln und schmeicheln lässt (vgl. S. 45, Z. 12).

2.3 Hermanns Zweifel und Reue

Bei seinem Auftritt als falscher Bote kommen ihm Zweifel an der Richtigkeit seines Tuns (vgl. S. 51, Z. 21–23). Von Schuldgefühlen geplagt, gesteht er Amalia später, dass ihr Karl und dessen Vater noch leben (vgl. S. 83, Z. 32, Z. 39). Zwar beteiligt er sich am lebendigen Begräbnis des alten Moor, hält diesen dann aber heimlich am Leben (vgl. S. 122, Z. 9–13). Mit dem Chiasmus „im Himmel ein Gott – Euer leiblicher Vater dort [also im Turm]" (S. 119, Z. 31 f.) rechtfertigt er seinen Ungehorsam und kritisiert Franz Moors Treiben als Verstoß gegen die göttliche Ordnung.

4. Zusammenfassende Bewertung

Hermanns Lebensumstände und sein Seelenzustand machen ihn aus Sicht von Franz zu einem leicht instrumentalisierbaren Helfer. Im Rahmen der Schlosshandlung ist er damit eine Gegenfigur zum treuen Daniel. Als Franz' rechte Hand wirkt Hermann bei den wesentlichen Teilen der Intrige mit, wobei ihn jedoch zunehmend Schuldgefühle plagen. Er wagt aber nicht, Franz offen Widerstand zu leisten.

Der Pater und Pastor Moser

Der Pater ist ein Vertreter der katholischen Kirche und tritt in Szene II, 3 als Abgesandter der Obrigkeit im Räuberlager auf, um die Bande zur Kapitulation zu bewegen. Pastor Moser wird in Szene V, 1 von Franz gerufen, um ihm in seiner Todesangst beizustehen.

1. Personalien und sozialer Status

Eingangs stellt sich der Pater zwar als „Diener der Kirche" (S. 73, Z. 2) vor, verweist aber gleich darauf, von der „hohe[n] Obrigkeit" (S. 73, Z. 9) gesandt zu sein. Dementsprechend ist sein Sprechen und Handeln nicht von christlichen Werten geprägt, sondern er repräsentiert eine Kirche, die mit den Mächtigen ein Bündnis zur Bewahrung der bestehenden Verhältnisse eingegangen ist. Wortgewaltig verflucht er mit einer langen Reihe von Attributen die Räuber und ihren Hauptmann. Dabei ist seine Sprache voller biblischer Anspielungen (vgl. S. 73, Z. 9–14, Z. 20–28). Mit einer Kette parallel aufgebauter Fragesätze und dem Verweis auf das Jüngste Gericht versucht er, Karl in die Enge zu treiben (vgl. S. 73, Z. 36–S. 74, Z. 10). Paradoxe Bilder sollen diesem die Ausweglosigkeit seiner Lage verdeutlichen (vgl. S. 74, Z. 14–19), bevor der Pater das zynische Angebot übermittelt, Karl nur rädern zu lassen, wenn er aufgibt. Doch Karls Verteidigungsrede bringt den Pater zum Verstummen. Deutlich wird, dass er Karls Systemkritik inhaltlich nichts entgegensetzen kann und selbst Teil des kritisierten Systems ist. Sein Versuch, die Räuber zum Verrat an Karl zu verführen, scheitert. Die Kriminellen erweisen sich ihm als moralisch überlegen.

2. Wesentliche Charaktereigenschaften

2.1 Der Pater als Vertreter der bestehenden Herrschaftsordnung

Pastor Moser bezeichnet sich in Franz Moors Gegenwart als Diener „eines größeren Herrn" (S. 130, Z. 33f.), d.h. Gottes. Obwohl er Franz' Tun und Denken missbilligt, leistet er diesem seelischen Beistand. Er lässt sich vom wortgewandten und mächtigen Franz nicht einschüchtern, sondern weist dessen materialistische Argumentation (vgl.

2.2 Pastor Moser als Seelsorger und Diener Gottes

S. 131, Z. 1–19) zurück, indem er Franz' Todesangst, Gewissensqualen und Schuldgefühle aufdeckt (vgl. S. 132, Z. 6–15). Pastor Moser sieht Gott als den obersten Richter an, dem auch ein im Diesseits machtvoller Mann wie Franz nicht entfliehen kann (vgl. S. 133, Z. 22f.). Dass er Franz streckenweise duzt (vgl. S. 130, Z. 25–31), zeigt sein Selbstbewusstsein.

Mit klugen Fragen treibt er Franz in die Enge (vgl. S. 130, Z. 9f., Z. 37–39). Indem Pastor Moser Franz mit machtbesessenen und skrupellosen Persönlichkeiten der Geschichte wie Richard III., Nero und Pizarro vergleicht, kritisiert er diesen als Tyrannen und Despoten. Voller Sprachgewalt und mit ausdrucksvollen Bildern schildert er Franz die Angst der Menschen im Angesicht des Todes (vgl. S. 132, Z. 18–21).

4. Zusammenfassende Bewertung

Der Pater und Pastor Moser sind zwei weitere Kontrastfiguren der Dramenhandlung. Deutlich negativ gezeichnet ist der katholische Pater: Er wird als Vertreter einer korrupten, mit der Obrigkeit verflochtenen Kirche in der Auseinandersetzung mit Karl der Heuchelei überführt. Im Gegensatz dazu steht der protestantische Pastor, der sich in seinem Tun nur Gott verpflichtet fühlt.

Die übrigen Mitglieder der Räuberbande

1. Personalien und sozialer Status

Neben Karl und Spiegelberg besteht die Räuberbande anfangs aus Grimm, Razmann, Schufterle, Schwarz, Schweizer und Roller. Alle sechs werden im Personenverzeichnis als „Libertiner“ geführt. Um sich dem Zugriff der sächsischen Justiz zu entziehen, sind sie mit Karl und Spiegelberg an die Grenze geflüchtet, wo sie von weiterer Verfolgung bedroht sind. Daraus lässt sich schließen, dass sie schon in Leipzig mit dem Gesetz in Konflikt gekommen sind. Die Libertiner sind arm (vgl. S. 26, Z. 36–38) und ohne realistische Zukunftsperspektiven (vgl. S. 27, Z. 8–14). Gleichwohl verraten die vagen und unausgegorenen Pläne der Gründungsmitglieder eine gewisse Bildung (vgl. S. 27, Z. 22–27) – und damit wohl auch eine gehobene soziale Herkunft – sowie eine große Abenteuerlust. Durch die Rekrutierungsmaßnahmen von Karl und Spiegelberg wächst die Bande auf knapp 80 Mitglieder an. Mit Ausnahme von Kosinsky bleiben die neuen Räuber namenlos und treten als Kollektiv auf. Während Spiegelberg vorwiegend perspektivlose junge Männer anwirbt (vgl. S. 56, Z. 14–16), führt Karls Ruf als edler Räuber auch „ehrliche Kerl[e] in Versuchung" (S. 62, Z. 7).

2. Wesentliche Charaktereigenschaften

2.1 Die Räuber als treue Gefolgsleute Karls

Obwohl die Idee zur Gründung der Bande von Spiegelberg ausgeht, wollen die Gründungsmitglieder Karl als Hauptmann und schwören diesem geschlossen die Treue (vgl. S. 33, Z. 28f.). Selbst das Angebot des Paters vor dem Gefecht am Ende des zweiten Aktes, wonach sie straffrei ausgehen würden, wenn sie Karl auslieferten, erschüttert ihre Gefolgschaft nicht (vgl. S. 79, Z.1). Dies wiederum veranlasst Karl zu seinem erneuten Schwur, die Räuber nie verlassen zu wollen (vgl. S. 87, Z. 24–27). Besonders positiv gezeichnete Räuber sind zunächst Schweizer und Roller (vgl. S. 72, Z. 33–34). Nachdem Roller im Kampf für Karl gefallen ist (vgl. S. 87, Z. 16–19), wird Kosinsky zum Getreuen Karls. Vor allem aber wird immer wieder Schweizer hervorgehoben, der Karl das Leben rettet (vgl. S. 124, Z. 6–9), den Widersacher Spiegelberg ermordet, sich als Racheengel gegen Franz einsetzen lässt (vgl. S. 124, Z. 36) und sich schließlich erschießt, weil er bei dieser Aufgabe versagt hat (vgl. S. 136, Z. 35–38). Als verlässlich erweisen sich auch Schwarz und Grimm.

2.2 Egoisten gegen Idealisten

Innerhalb der Bande bilden sich zwei Fraktionen heraus. Im Widerspruch zu Karls idealistischen Motiven handelt ein Teil der Bande aus Eigennutz und berauscht sich an den eigenen Gewalttaten auf Kosten Schwächerer. Dazu gehören zum einen die Räuber, die unter Führung Spiegelbergs das Nonnenkloster zerstören und die Nonnen schänden, zum anderen Schufterle, der bei der Befreiung Rollers Gräueltaten an Unschuldigen und Kindern verübt und damit auch noch angibt (vgl. S. 69, Z. 20–34). Auch Razmanns Treue zu Karl wird letztlich von Spiegelberg erschüttert (vgl. S. 113, Z. 18). Nach Schweizers und Rollers Tod ist Karls Position in der Bande geschwächt. In der Schlussszene konfrontiert ihn die Menge der namenlosen Räuber mit seinem Treueschwur und fordert „Amalia für die Bande!“ (S. 143, Z. 8).

3. Kommunikationsverhalten

Die Sprache der Gründungsmitglieder ist die derbe, kraftmeierische Sprache des Sturm und Drang, die bei den meisten – als Indiz für ihre Bildung – mit lateinischen Fremdwörtern (vgl. S. 30, Z. 12) durchsetzt ist. In Szene II, 1 unterbrechen sie den Redefluss Spiegelbergs mit kurzen Einwürfen, die oft die Form von Ausrufen haben (vgl. S. 30, Z. 7f.). Eine gewisse Führungsrolle haben Schweizer und Roller: Der impulsive Schweizer, der sich als Erster überzeugen lässt, äußert sich kurz und schlicht. Rollers Redebeiträge sind länger, komplexer, bildlicher und von Fremdwörtern durchsetzt. Mit direkten und indirekten Vergleichen verdeutlicht er die Notwendigkeit einer Führungsfigur (vgl. S. 30, Z. 29f., S. 31, Z. 1–3) und bringt Karl Moor ins Spiel (vgl. S. 31, Z. 18f.). Schwarz, Grimm, Razmann und Schufterle sind demgegenüber eher Mitläufer. In Szene II, 3 haben die Räuber – darunter erstmals auch einige Namenlose – einen großen Aufritt, als sie Rollers Gefangennahme und Befreiung in derber und drastischer Sprache schildern. Innerhalb des Kommunikationsverhaltens der Räuberbande nimmt das zu Beginn von Szene IV, 5 in Karls Abwesenheit gesungene Räuberlied einen besonderen Stellenwert ein (vgl. S. 111, Z. 5–S. 112, Z. 7), weil es ein Ausdruck der Stimmung der gesamten Bande ist. Schiller platziert es direkt nach Amalias und Karls Hektor-Lied (vgl. S. 110, Z. 27–37), um die zunehmenden Differenzen zwischen Karl und der Bande zu zeigen. Während der Hauptmann sich als Nachfolger der antiken Helden sieht, geht es der Bande nur um Folgendes: „[s]tehlen, morden, huren, balgen" (S. 111, Z. 5). Das Lied verdeutlicht, dass Karls Idee, mithilfe der Räuberbande die soziale Gerechtigkeit zu fördern, gescheitert ist.

4. Zusammenfassende Bewertung

Die Bande ist für Karl zunächst Mittel, die Kränkung durch den Vater zu rächen, später möchte er mit ihrer Hilfe für Gerechtigkeit sorgen. Doch abgesehen von Kosinsky teilt keiner der Räuber seine idealistischen Ziele, auch wenn einige sich ihm zur Treue verpflichtet fühlen. Trotz der Ermordung des intriganten Spiegelberg dominieren im Räuberlager zunehmend moralisch verkommene und skrupellose Banditen, die am Ende *„grimmig"* (S. 142, Z. 23) auf die Einhaltung des Treueschwurs beharren und so einen glücklichen Ausgang für die beiden Liebenden verhindern.

Der Blick auf den Text: Die Szenenanalyse

Eine Szene analysieren – Tipps und Techniken

Für die Analyse (Beschreibung und Deutung) von Einzelszenen des Dramas stehen grundsätzlich zwei verschiedene Methoden zur Auswahl: die Linearanalyse und die aspektgeleitete Analyse.

In der **Linearanalyse** werden die einzelnen Abschnitte des Aufgabentexts systematisch analysiert, das heißt ihrer Reihenfolge nach. Dies führt in der Regel zu genauen und detaillierten Ergebnissen. Allerdings besteht dabei die Gefahr, dass zu kleinschrittig gearbeitet wird und die übergeordneten Deutungsaspekte aus dem Blick geraten.

In der **aspektgeleiteten Analyse** werden diese Deutungsschwerpunkte von vornherein festgelegt. Daraus ergibt sich in der Regel eine sehr problemorientierte und zielgerichtete Vorgehensweise. Dabei werden jedoch die Deutungsaspekte, die nicht im Fokus des Interesses stehen, vernachlässigt.

Aufbauschema:

1. **Einleitung:**
   - Basissatz: Autor; Titel; Textsorte; Erscheinungsjahr des Werks, aus dem der Text stammt
   - Ort, Zeit und Figuren der Szene
   - kurze Inhaltsangabe

2. **Einordnung der Szene in das Drama:**
   Was geschieht vorher, was nachher?

Linearanalyse

3. **Aufbau der Szene:**
   - Auflistung der Textabschnitte/ Textgliederung

4. **Beschreibung und Deutung der unter 3. angegebenen Textabschnitte:**
   - Aussagen zum Inhalt des jeweiligen Abschnitts
   - Aussagen zur Deutung, Einbetten in den Zusammenhang des Dramas
   - Einbezug der sprachlichen Gestaltung

aspektgeleitete Analyse

3. **Untersuchungsschwerpunkte:**
   - Auflistung der ausgewählten Untersuchungsaspekte

4. **Beschreibung und Deutung der unter 3. angegebenen Aspekte:**
   - Benennen des jeweiligen Aspekts
   - Aussagen zur Deutung, Einbetten in den Zusammenhang des Dramas
   - Einbezug der sprachlichen Gestaltung

5. **Schluss:**
   - Zusammenfassung der Ergebnisse
   - Einordnung in einen größeren Deutungszusammenhang
   - Bewertung

Beispielanalyse (linear): Auszug aus Szene II, 3 (S. 73, Z. 1 – S. 79, Ende)

Aufgabe: Analysieren Sie den Auszug aus der dritten Szene des zweiten Aktes des Dramas „Die Räuber“ nach inhaltlichen und sprachlichen Gesichtspunkten.

1. Einleitung mit knapper Inhaltsangabe des Szenenauszuges

Der vorliegende Szenenauszug steht am Ende der dritten Szene des zweiten Aktes von Friedrich Schillers 1782 erschienenem Drama „Die Räuber“. Im Zentrum der Handlung stehen die beiden ungleichen Söhne des Grafen von Moor. Der jüngere, vom Vater vernachlässigte Franz beneidet den älteren Karl um sein Erbe. Mit einer Intrige sorgt er dafür, dass der Vater seinen auf Abwege geratenen Erstgeborenen verstößt, und wird schließlich selbst Graf. Der dadurch völlig aus der Bahn geworfene Karl wird Räuberhauptmann, muss jedoch erkennen, dass sein Ziel, als „edler Räuber“ die soziale Gerechtigkeit zu fördern, nicht umsetzbar ist. Als er nach Hause zurückkehrt, kommt es zu einer Familientragödie, die zur Auslöschung des Adelsgeschlechtes Moor führt.

Der vorliegende Auszug gibt Einblick in die Motive des Räubers Karl und lässt seine Unzufriedenheit mit den herrschenden Zuständen als teilweise begründet erscheinen. Die äußere Handlung verläuft so: Die Räuberbande ist von den zahlenmäßig weit überlegenen Truppen der Obrigkeit umzingelt und die Lage erscheint aussichtslos. Ein Pater – ein Gesandter der Obrigkeit – betritt das Räuberlager und klagt die Bande und speziell Karl ihrer Verbrechen an. Doch sein zynisches Friedensangebot wird zurückgewiesen und der Räuberhauptmann greift seinerseits die geistliche und weltliche Obrigkeit an. Daraufhin versucht der Pater, die Bande zu spalten und die Räuber dazu zu bewegen, sich von Karl loszusagen. Weil diese ihrem Hauptmann treu bleiben, verlässt der Pater das Lager und es kommt zum Kampf.

2. Einordnung der Szene in das Drama

In der doppelten Exposition des ersten Aktes setzt Franz seine Intrige in Gang (Szene I, 1), die zur Verstoßung Karls und in Szene I, 2 zur Gründung der Räuberbande führt. Unterdessen erreicht der Ränkeschmied Franz durch die Nachricht vom angeblichen Tod Karls einen Zusammenbruch des Vaters und macht sich zu dessen Nachfolger (Szenen II, 1/II, 2). Zu Beginn der dritten Szene des zweiten Aktes erhält der Leser Einblick in das Räuberleben. Während einige Bandenmitglieder mit ihren Untaten prahlen, erkennt Karl, dass seine idealistischen Ziele als Räuberhauptmann nicht zu erreichen sind. In dieser Situation erhält er Nachricht von der Einkreisung des Räuberlagers. Nach der Vertreibung des Paters können die Räuber siegreich aus dem Kessel entkommen und Karl kettet sich trotz der vorherigen Zweifel noch stärker an die Bande.

3. Aufbau der Szene

Da das Personal während des Szenenauszuges nicht wechselt, wird am besten eine Unterteilung nach den Phasen der Gesprächsführung vorgenommen. Im ersten Abschnitt liegt die Initiative beim Pater, der seinen Anschuldigungen ein zynisch wirkendes Friedensangebot folgen lässt (bis S. 74, Z. 38). Der nächste Abschnitt wird von der kaum unterbrochenen Verteidigungsrede Karls eingenommen (bis S. 76, Z. 34). Im vorletzten Abschnitt versucht der Pater, die Räuber zum Verrat an Karl zu bewegen (bis S. 78, Z. 32). Am Ende schwören die Räuber ihrem Hauptmann Gefolgschaft.

4. Deutung der Textabschnitte: I. Abschnitt

Der Pater betritt das Räuberlager, das er als „Drachennest" (S. 73, Z. 1) bezeichnet und damit mit dem absolut Bösen verbindet. Um selbst bescheiden zu wirken, nennt er sich einen „Diener der Kirche" (S. 73, Z. 2), macht allerdings im Folgenden klar, im Auftrag der „hohe[n] Obrigkeit" (S. 73, Z. 9) zu handeln. Damit wird die Vermengung von Kirche und weltlicher Herrschaft deutlich. Mit einer Aneinanderreihung drastischer Worte im Stil einer auswendig gelernten Predigt beschimpft der Pater erst die Bande (vgl. S. 73,

Z. 10–14), dann Karl selbst (vgl. S. 73, Z. 20–28). Seine Anschuldigungen an Karl steigern sich dabei vom „feine[n] Hauptmann“ (S. 73, Z. 20) über den „Gauner-König“ (S. 73, Z. 21) bis zum Teufel in Person (vgl. S. 73, Z. 22–25). Damit dämonisiert er den Räuberhauptmann. Im Gegensatz zu Schweizer, der mit Gewalt antworten will (vgl. S. 73, Z. 15 f.), bewahrt Karl die Fassung und fordert den Pater mehrmals zur Fortsetzung seiner Rede auf (vgl. S. 73, Z. 17–19). Schließlich bringt er sein Gegenüber dadurch aus dem Konzept, dass er dessen im hyperbolischen Ton vorgebrachten Vorwürfen einfach zustimmt (vgl. S. 73, Z. 29). Der Pater konkretisiert daraufhin seine Anschuldigungen („Picht nicht das Blut des ermordeten Reichsgrafen an deinen verfluchten Fingern?“, S. 73, Z. 36–S. 74, Z. 1) und versucht, Karl mit einer Fragenkette in die Defensive zu treiben. Ausführlich erwähnt er dabei die von Karl begangenen Frevel, „die bis zum Himmel heraufstinken“ (S. 74, Z. 7 f.) würden. Die Strafaktion der weltlichen Obrigkeit wird damit religiös legitimiert. Doch Karl lobt nur spöttisch den Vortrag des Paters und bittet diesen, zur Sache zu kommen (vgl. S. 74, Z. 11 f.). Dieser versucht nun, den Räubern die Ausweglosigkeit ihrer Lage mit paradox wirkenden Formulierungen aufzuzeigen: „[S]o gewiss Kirschen auf diesen Eichen wachsen […], so gewiss werdet ihr unversehrt diesen Eichen […] den Rücken kehren.“ (S. 74, Z. 16–19) Anschließend unterbreitet er Karl im Tonfall eines Seelsorgers mit ernsthaften und eindringlichen Worten ein unannehmbares Angebot. Wenn dieser um Gnade bitten würde, so würde er „nur“ gerädert, unter Verzicht auf weitere Strafen (vgl. S. 74, Z. 21–27). Seine Hinweise auf die Güte und Langmut des Gerichts (personifiziert als „liebende Mutter“, S. 74, Z. 24 f.) wirken angesichts dieser Drohung zynisch. Schweizer und Roller, beides getreue Gefolgsleute Karls, bitten voller Zorn um Erlaubnis, dem Pater Gewalt antun zu dürfen, sodass dieser vor Angst aufschreit.

II. Abschnitt

Entschlossen wehrt Karl den drohenden Angriff seiner Getreuen ab und zieht seinen Degen, um seiner folgenden Rede mehr Eindruck zu verleihen. Der Reihe nach gesteht er die meisten der Verbrechen. Dabei orientiert er sich an der Wortwahl des Paters, nimmt aber feine Nuancierungen vor. Während dieser ihm vorgeworfen hat, „Feuerbrände in unsere gottesfürchtige Stadt" (S. 74, Z. 4f.; Hervorheb. d. Autors) geworfen zu haben, betont Karl, die „Feuerbrände in eure bigotte Stadt" (S. 75, Z. 7f.; Hervorheb. d. Autors) geworfen zu haben. Zur Überraschung des Geistlichen räumt er noch weitere Verbrechen ein, die dieser der Obrigkeit mitteilen soll. Um sein Geständnis wirkungsvoll erscheinen zu lassen, weist er den Geistlichen auf vier kostbare Ringe hin, die er als Trophäen an seiner Hand trägt. Der erste Ring stammt von einem skrupellosen und intriganten Höfling, der auf der Karriereleiter zum Ministeramt alle Rivalen beseitigt hat (vgl. S. 75, Z. 14–19). Den zweiten Ring will er von einem korrupten Finanzrat gestohlen haben, der „Ehrenstellen und Ämter an die Meistbietenden verkaufte" (S. 75, Z. 20). Der dritte Ring stammt angeblich von einem Geistlichen, der von Karl ermordet worden ist, weil er öffentlich den Niedergang der Inquisition beklagt hat. Ohne die Geschichte des vierten Ringes zu schildern, bricht Karl ab. Klar wird, dass die Ringe für ihn Symbole für das Fehlverhalten der Führungsschicht sind. Geschickt hat er aus der Selbstbezichtigung eine Anklage gegen die herrschenden Missstände gemacht und den Pater in die Defensive getrieben (vgl. S. 75, Z. 28). In der Folge richtet sich Karl an die Räuber. Zunächst klagt er die Hartherzigkeit, Selbstgerechtigkeit und Scheinheiligkeit des Paters an, bevor er seine Kritik an der Kirche verallgemeinert, deren Vertreter gegen die eigenen Werte verstießen. Passend dazu verwendet er paradoxe Bilder („Da donnern sie Sanftmut und Duldung aus ihren Wolken", S. 76, Z. 1f.) und stellt Anspruch und Wirklichkeit in Form von Antinomien gegenüber: „[Sie] stürmen wider den Geiz und haben Peru um goldner Spangen willen entvölkert“ (S. 76, Z. 5–7). Indem er in die zweite Person Plural wechselt, klagt er die Kirche direkt an und bezichtigt sie der Unehrlichkeit und Doppelmoral. Ihre Vertreter seien „Falschmünzer der Wahrheit“ (S. 76, Z. 12f.), deren Rituale wie Selbstgeißelung und Fasten Gott blenden sollten, während sie doch gegen seine Gebote handelten. Weil der Pater dem nichts entgegenzusetzen hat, bleibt ihm nur zu schweigen und zu jammern. Zum Abschluss seiner Rede lehnt Karl das Angebot der Obrigkeit ab und kritisiert dabei das „hochlöbliche[] Gericht, das über Leben und Tod <u>würfelt</u>“ (S. 76, Z. 27f.; Hervorheb. d. Autors). Für seine Schuld will er sich nur vor Gott verantworten. Abschließend rechtfertigt er seine Taten damit, dass er nicht von Eigennutz getrieben wird, sondern Übergriffe der Obrigkeit rächen will („mein Handwerk ist Wiedervergeltung – Rache ist mein Gewerbe“, S. 76, Z. 33f.). Mit diesem einprägsamen Chiasmus schließt er und wendet dem Pater demonstrativ den Rücken zu.

III. Abschnitt

Der Pater verfolgt weiterhin sein Ziel und appelliert an die Bandenmitglieder, Karl auszuliefern. Im salbungsvollen Ton offeriert er Straferlass und Wiederaufnahme der „verlorne[n] Schafe“ (S. 77, Z. 6) in die Kirche als Ausgangspunkt einer Karriere innerhalb der Gesellschaft. Im Glauben des sicheren Erfolgs bezeichnet er Karl höhnisch als „Ew. Majestät“ (S. 77, Z. 9f.). Doch dieser überrascht ihn dadurch, dass er sich scheinbar auf seine Seite stellt. Eingerahmt von der mehrfach wiederholten Frage nach dem Grund des Zögerns der Räuber stellt er ihnen ihre Optionen vor. Dabei nennt er ihnen jeweils zunächst die einzelnen Bestandteile des Angebots der Kirche und liefert dann Gründe, warum sie dieses annehmen sollten (vgl. S. 77, Z. 11–22). Parallele Satzstrukturen lassen die Passage besonders eindrücklich wirken. Dadurch bringt er den Pater erneut aus dem Konzept, der, um die Ernsthaftigkeit seines Angebots zu beweisen, einen unterschriebenen „Generalpardon" (S. 77, Z. 25), also eine Begnadigung, vorzeigt. Rhetorisch geschickt stellt sich Karl erneut scheinbar auf seine Seite. Seiner Meinung nach würde die Obrigkeit Wort halten, um ihre Glaubwürdigkeit nicht zu verlieren (vgl. S. 77, Z. 31 – 35). Außerdem sei er es, den sie zur Strecke bringen wolle, während die Verbrechen der Bandenmitglieder für die Gerichtsbarkeit „Jugendfehler" (S. 77, Z. 38) seien. Als seine Spießgesellen schweigen, liefert er weitere Gründe für die Annahme der Begnadigung. So sei ein militärischer Erfolg aussichtslos und die Möglichkeit, als Helden zu fallen, sei ihnen im Gegensatz zu ihm versperrt. Dabei grenzt er sich entschieden von ihnen ab und bezeichnet sie gleich mehrfach als Diebe: „Ihr seid nicht Moor. – Ihr seid heillose Diebe!" (S. 78, Z. 8 f.; Hervorheb. d. Autors) Am Ende versteigt er sich zu der Aussage, sich für ihr Opfer zu schämen (vgl. S. 78, Z. 17 f.). Wie schon zuvor ist Karls Sprachgebrauch geprägt von vielen Fragen, die er an die Bandenmitglieder richtet, damit sie ihr anhaltendes Schweigen beenden. Mit Aufforderungen wie „Schaut doch" und „Höret" (S. 78, Z. 4, Z. 14) versucht er, ihre Aufmerksamkeit auf sich zu lenken. Dem Pater bleibt nur zu staunen, ehe Karl in seiner Rede fortfährt. Er werde sich weder durch einen Selbstmord dem Vertrag entziehen noch sich seiner Festnahme widersetzen. Zum Beweis dafür bindet er sich selbst an einen Baum fest (vgl. S. 78, Z. 21 – 31). Mehrmals bezeichnet er seine Räuber in diesem Abschnitt als Kinder (vgl. S. 78, Z. 23, Z. 31), um seine Überlegenheit, aber auch um die Nähe zu betonen. Seine lange Rede spitzt er nach einer kurzen Pause mit der entscheidenden Frage zu: „Wer ist der Erste, der seinen Hauptmann in der Not verlässt?" (S. 78, Z. 31 f.)

IV. Abschnitt

Die Reaktionen im Räuberlager sind wilde Bewegung, Aggression und Lärm, die das ungleiche Rededuell beenden. Angeführt von Roller und Schweizer skandieren die Räuber

„Rettet, rettet, rettet den Hauptmann!“ (S. 79, Z. 1), zerreißen die Begnadigung und vertreiben den Pater. Dieses Ergebnis bestärkt Karl, der die Räuber nun – weil sie Freiheit gewonnen haben – als „Kameraden“ (S. 79, Z. 2) bezeichnet. Damit hebt er die Distanz zu ihnen auf und führt die Truppe in euphorischer Stimmung in den Kampf gegen die Obrigkeit („Ich fühle eine Armee in meiner Faust“, S. 79, Z. 3).

5. Schluss In dieser Szene erfährt der Leser viel über Karls Verbrechen und seine Rechtfertigungsversuche. Motive wie der Kampf gegen die intrigante und korrupte Obrigkeit, gegen eine Kirche, die die christlichen Werte missachtet, erwecken Verständnis beim Leser. Die sozialkritische Tendenz der Szene wird noch verstärkt durch die negativ gezeichnete Figur des Paters. Dieser Eiferer lässt sich von der weltlichen Obrigkeit in Dienst nehmen und arbeitet – auch wenn er von christlichen Werten spricht – politischen Interessen zu. Die Szene zeigt zudem Karls rhetorisches Geschick, seine Ausstrahlung und seine Führungsqualitäten. Indem er den Pater vorgeblich unterstützt, schwört er seine Bande auf sich als Führer und auf den gemeinsamen Kampf gegen die Übermacht ein, der von ihm selbst gesucht worden ist. Die absolute Treue der Räuber und ihre Opferbereitschaft werten diese beim Leser gegenüber dem Pater und der Gerichtsbarkeit moralisch auf. Auf der anderen Seite wird auch Karls Selbstüberschätzung deutlich, der sich anmaßt, eigenmächtig Gerechtigkeit herzustellen.

Beispielanalyse (aspektgeleitet): Auszug aus Szene III, 1 (S. 80, Z. 1 – S. 83, Z. 10)

Aufgabe: Vergleichen Sie Franz' und Amalias Konzept der Liebe im Drama „Die Räuber".

1. Einleitung mit knapper Inhaltsangabe des Szenenauszuges

Die Sehnsucht nach Liebe verbindet die Menschen seit jeher. Erschwert wird die Erfüllung dieser Sehnsucht jedoch dadurch, dass es so viele unterschiedliche Vorstellungen von Liebe gibt. Dies zeigt auch Friedrich Schillers 1782 erschienenes Drama „Die Räuber" um die beiden ungleichen Söhne eines Grafen. Darin beneidet der jüngere Franz den älteren Karl um dessen Erbe und seine Geliebte Amalia. Mithilfe einer Intrige gelingt es Franz, selbst das Erbe anzutreten. Als Karl, der inzwischen zum Räuberhauptmann geworden ist, zum Schloss zurückkehrt, eskaliert der Konflikt. Franz begeht Selbstmord und Amalia stirbt durch die Hand Karls, der sich daraufhin in die Hände der Justiz begibt.
In dem vorliegenden Auszug treffen Franz und Amalia kurz nach dem vorgeblichen Tod des Vaters aufeinander. Franz hat also schon seine despotische Herrschaft angetreten – einzig Amalia widersetzt sich ihm. Zu Beginn des Szenenauszuges ist sie in wehmütiger Stimmung und denkt an ihren verlorenen Geliebten Karl, als Franz den Garten – einen Ort des Friedens und der Abgeschiedenheit – betritt. Er drängt sie dazu, seine Frau zu werden. Als Amalia ihn zurückweist, droht er, sie zu demütigen und zu vergewaltigen. Doch Amalia gelingt es, ihn zu verjagen. Sie fasst den Entschluss, in ein Kloster zu gehen, um dort ihrer verlorenen Liebe zu gedenken. Diese kurze Wiedergabe der äußeren Handlung lässt bereits ahnen, dass die Liebeskonzepte von Franz und Amalia völlig unterschiedlich sind.

2. Einordnung der Szene in das Drama

Vorausgegangen ist der Szene im Rahmen der Schlosshandlung die erfolgreiche Briefintrige Franz' (Szene I, 1) und dessen erster, ebenfalls gescheiterter Versuch, Amalia zu gewinnen (Szene I, 3). In Szene II, 1 entwickelt Franz den Plan, den Vater „aus dem Weg zu räumen“, der in Szene II, 2 schließlich Erfolg hat. Nachdem er im vorliegenden Dialog wieder von Amalia zurückgewiesen wird, unternimmt er keine weiteren Annäherungsversuche mehr.

3. Untersuchungsaspekte

Der Dialog offenbart die unterschiedlichen Liebeskonzepte von Franz und Amalia. Diese werden zunächst jeweils untersucht, dann in einem abschließenden Vergleich zusammengefasst.

4. Deutung

4.1 Amalias Schwärmerei

Amalia liebt Karl, den sie zu diesem Zeitpunkt für tot halten muss. Ihre Liebe ist selbstgenügsam. Sie sucht die Einsamkeit des Gartens, um in Liedform ihren Gefühlen Ausdruck zu verleihen (vgl. S. 80, Z. 1, Regieanweisung). Das passt gut zu ihrem emotionalen Wesen: Ganz eindeutig ist ihre Liebe schwärmender Natur, denn sie verklärt und überhöht den vermeintlich verstorbenen Grafensohn. Er sei „[s]chön wie Engel“ (S. 80, Z. 2) gewesen, sein Blick „[h]immlisch mild“ (S. 80, Z. 4). Der vergangenen Zweisamkeit gedenkt sie mit Ausrufen und starken, teils paradoxen Bildern („wütendes Entzücken“, S. 80, Z. 6). Dabei betont sie die Kraft des Herzens und damit des Gefühls vor anderen Sinnesorganen wie Mund, Ohr und Augen (vgl. S. 80, Z. 8f.). Mehrmals verwendet sie das Motiv des Feuers, um die Stärke des Gefühls hervorzuheben (vgl. S. 80, Z. 7, Z. 11). Ein solches Feuer bedinge einen Kontrollverlust der Liebenden, die sich beide vereinigten und alle trennende Individualität verlören (vgl. S. 80, Z. 14f.). Dies beschreibt sie als Zustand der „himmelvollen Harmonie“ (S. 80, Z. 13), in dem die Geliebten den Mittelpunkt des Universums (vgl. S. 80, Z. 16f.) bilden. Dies zeigt, dass Amalia Liebe absolut setzt.

4.2 Amalias Treue

Aus diesem Grund bleibt sie dem Geliebten auch nach dessen vermeintlichem Tod treu. Dadurch ist ihr Dasein ebenso rückwärtsgewandt wie jenseitsorientiert, die Gegenwart dient nur zur Erinnerung an den Verlorenen und als Zeit des Wartens auf die erhoffte Wiedervereinigung im Jenseits. Weil Karl ihre einzige Quelle der Freude gewesen ist, ist für sie „alle Lust des Lebens" (S. 80, Z. 20) dahin. Daher sieht Amalia Franz' Drohung, sie in ein Kloster zu verbannen, als Chance. Sie erwartet nichts mehr vom Diesseits, als „an Karln zu denken, zu hangen" (S. 82, Z. 6). Das Kloster, hinter dessen Mauern sie vor Franz' Nachstellungen sicher wäre, sieht sie als Zufluchtsort. Mehrmals wiederholt sie daher die Wörter „Freistaat", „Kloster" und „Mauren" (S. 82, Z. 4, Z. 7, S. 83, Z. 7, Z. 9f.).

4.3 Stärke aus Liebe

Amalias absolute und schwärmerische Liebe macht sie unempfänglich gegen das Werben und die Drohungen von Franz, auch wenn sie von diesem abhängig ist und eine Heirat nach damaligen Vorstellungen sicher nicht unüblich gewesen wäre. Doch sie fällt ihm ins Wort (vgl. S. 81, Z. 1) und nennt seinen Vorschlag einer Verbindung später ein „Frevelwort" (S. 81, Z. 25), das eine göttliche Strafe verdiene. Dann bezeichnet sie ihn als „Wurm" (S. 81, Z. 34) und kommentiert seine Forderungen mit beißendem Spott (vgl. S. 82, Z. 4–6). Schließlich schlägt sie ihn, entreißt ihm mit weiblicher List den Degen (vgl. S. 82, Z. 19f., Z. 33–35) und verjagt ihn. Dabei bezeichnet sie sich als „rasendes Weib" (S. 82, Z. 36f.) und fühlt sich „stark wie das Funken sprühende Ross, grimmig wie die Tigerin" (S. 83, Z. 5f.). Die selbstlose Amalia gewinnt also durchaus Stärke aus ihrer Liebe.

4.4 Franz: manipulative Rhetorik statt gefühlsbetonter Werbung

Franz begehrt Amalia zur Frau. Sein Ziel versucht er aber nicht durch ein offenes Liebesgeständnis, sondern durch Manipulation zu erreichen. Er will Amalia ein schlechtes Gewissen einreden (vgl. S. 80, Z. 23–25, Z. 29f.) und nennt sie mit einer Strenge, die väterlich wirken soll, eine „eigensinnige Schwärmerin" (S. 80, Z. 23). Dass sein Vater gerade erst gestorben ist, bagatellisiert er mit euphemistischen Wendungen (vgl. S. 81, Z. 6f.). Weil er um die Emotionalität Amalias und ihre Neigung zum alten Moor weiß, versucht er, sie mit dem abenteuerlichen Gedanken zu überreden, sie müsse „[d]ie Liebe [s]eines Vaters [...] in [dessen] Söhnen belohnen, und Karl ist tot“ (S. 81, Z. 14f.). Vorher hat er deutlich gemacht, dass er jetzt „Herr“ (S. 81, Z. 8) ist, und damit seine überlegene Position betont. Als Begründung für sein Werben gibt er an, dass er „es vollends ganz sein“ (S. 81, Z. 8) möchte. Das zeigt, dass es ihm nicht um Gefühle geht. Er benötigt Amalia als Statussymbol und zur Abrundung seiner Machtstellung. Wenn er „romantische“ Formulierungen verwendet, also seine Ergebenheit betont und die Geliebte preist, wechselt er in die unpersönlichere dritte Person (vgl. S. 81, Z. 17, Z. 19, Z. 21), was auf sein Unvermögen, Gefühle auszudrücken, hinweist. Dazu passt, dass er Amalia kaum direkt anspricht. Zudem versäumt er nicht, seine angebliche Großzügigkeit und seine Machtstellung ins Spiel zu bringen. Als Amalia sich ihm verweigert, gibt er offen zu, dass er die Sprache der Liebe nicht beherrscht und derlei sogar verachtet (vgl. S. 81, Z. 27–33), indem er sich scharf von „dem schmachtenden Schäfer Arkadiens“ (S. 81, Z. 29f.) abgrenzt. Für „romantische“ Schwärmereien hat er also nichts übrig.

4.5 Franz' Unfähigkeit, mit Ablehnung umzugehen

Die fortgesetzte Zurückweisung durch Amalia provoziert Franz. Damit kann er nicht umgehen und er reagiert mit der Androhung von Gewalt. Er betont, Mittel zu kennen, die „den Stolz eines einbildischen Starrkopfs so hübsch niederbeugen können“ (S. 82, Z. 1–3), wobei er wieder in die Ich-Form wechselt: Befehle und Drohungen entsprechen eher seinem Wesen. In einer langen Satzreihe stößt er brutale Drohungen gegen Amalia aus. Dabei bezeichnet er sich selbst als „Schreckbild“ (S. 82, Z. 11), was auf ein problematisches Selbstwertgefühl hindeutet. Die Kette der Drohungen steigert sich am Ende zu einer gewalttätigen Unterwerfungs- und Vergewaltigungsfantasie (vgl. S. 82, Z. 14–18). Als Amalia ihn schlägt, verliert der sonst so kalte Verstandesmensch völlig die Beherrschung. Er würdigt sie weiter herab – statt seine Ehefrau soll sie nur noch seine von allen verachtete Mätresse sein. Außerdem wird er durch die Ablehnung sexuell erregt („ich glühe vor Sehnsucht", S. 82, Z. 31) und will Amalia auf der Stelle zum Beischlaf zwingen. Ihre Weigerung soll ihm „die Wollust in erzwungenen Umarmungen würzen" (S. 82, Z. 29f.).

Die Liebeskonzepte der beiden haben keine Berührungspunkte. Amalia setzt ihre Gefühle für Karl absolut, sie erhöht den Geliebten und die Liebe auf schwärmerische Art und Weise. Liebe ist für sie die Auflösung der Grenzen zwischen den Individuen, die in eine vollkommene Harmonie mündet. Sie strebt nicht nach Selbstverwirklichung, sondern findet Sinn darin, sich dem Geliebten hinzugeben. Da Amalia diesen tot glaubt, trägt ihre Liebe, die auf absoluter und selbstloser Treue beruht, rückwärtsgewandte und jenseitsorientierte Züge. Demgegenüber ist Franz kein Liebender. Zwar verwendet er mitunter Formulierungen, die typisch für einen männlichen Brautwerber sind, doch er distanziert sich gleichzeitig von diesen. Amalia sieht er weder als gleichberechtigte Partnerin noch als überhöhte Angebetete. Sein Werben ist nicht selbstlos, sondern die Verbindung soll seine Macht abrunden. Ablehnung akzeptiert er nicht, was zeigt, dass er Amalia nicht als autonomes Gegenüber respektiert. Emotional wird er erst durch die Zurückweisung, wobei seine Gefühle eine Mischung aus Aggression und sexueller Erregung sind. Statt nach Harmonie strebt Franz also nach Unterwerfung. Dass er glaubt, zu derartigen Mitteln greifen zu müssen, um Erfolg in der Liebe zu haben, spricht für ein geringes Selbstwertgefühl. 5. Schluss

Der Blick auf die Prüfung: Themenfelder

Dieses Kapitel dient zur unmittelbaren Vorbereitung auf die Prüfung: Schulaufgabe bzw. Klausur oder schriftliche bzw. mündliche Abiturprüfung. Die wichtigsten Themenfelder werden in einer übersichtlichen grafischen Form dargeboten. Außerdem verweist eine kommentierte Liste mit Internetadressen (S. 137) auf mögliche Quellen für Zusatzinformationen im Netz.

Die schematischen Übersichten können dazu genutzt werden,

- die wesentlichen Deutungsaspekte des Stückes kurz vor der Prüfungssituation im Überblick zu wiederholen,
- die Kerngedanken des Dramas noch einmal selbstständig zu durchdenken und
- mögliche Verständnislücken nachzuarbeiten.

Zum Verständnis der Schemata ist die Kenntnis der vorangegangenen Kapitel unerlässlich. Die folgende Schwerpunktsetzung beruht auf Erfahrungen aus jahrelanger Prüfungspraxis. Die Übersicht IV (Vergleichsmöglichkeiten mit anderen literarischen Werken, S. 136) soll als Anregung dienen, um den eigenen Lektürekanon auf möglicherweise interessante Vergleichspunkte hin abzuklopfen.

Übersicht I: Franz Moors Intrigen und ihre Folgen

Intrigen	Folgen
Franz verfasst einen fingierten Brief, in dem er Karls Verfehlungen übertrieben darstellt (Handlung vor Szene I, 1).	Der Vater beschließt, den Erstgeborenen Karl zu verstoßen (Szene I, 1).
Franz verfasst einen Brief an Karl, um ihn über den Bruch des Vaters mit ihm zu informieren (Handlung vor Szene I, 2).	Karl lässt sich zum Anführer der Räuberbande machen (Szene I, 2).
Mit Lügen und Unterstellungen versucht Franz, Amalia für sich zu gewinnen (Szene I, 3).	Amalia durchschaut Franz und weist ihn zurück (Szene I, 3).
Franz überredet Hermann, den Vater und Amalia über Karls angeblichen Tod zu informieren (Szene II, 1).	Der alte Moor bricht zusammen und wird für tot gehalten (Szene II, 2).
Mit der Hilfe Hermanns beerdigt Franz den Vater bei lebendigem Leib (Handlung vor Szene III, 1; von Hermann in Szene IV, 5 berichtet).	Franz wird als regierender Graf Nachfolger seines Vaters (Handlung vor Szene III, 1).
Franz bedrängt Amalia mit Lügen und Gewalt, seine Frau zu werden (Szene III, 1).	Amalia weist Franz mit Gewalt zurück und beschließt, in ein Kloster zu gehen (Szene III, 1).
Franz befiehlt Daniel, den Grafen von Brand (Karl) umzubringen (Szene IV, 1).	Daniel klärt Karl über die Vorgänge im Schloss auf (Szene IV, 3).

Fazit
Franz kann schwache Personen wie den alten Moor oder Hermann manipulieren.
Gegen Amalias absolute Liebe und gegen die religiös geprägte Moral Daniels kommt er nicht an.

Übersicht II: „Die Räuber" als Drama des Sturm und Drang

Sturm und Drang

Konfrontation des Einzelnen mit der Gesellschaft
- Karls Studentenstreiche
- Karls Absage an Familie und Gesellschaft

Gesellschaftskritik
- an der engen kleinbürgerlichen Welt und ihren Konventionen
- an den Zuständen bei Hof
- an der Kirche

Gefühl und Herz statt Verstand
- Amalias Schwärmerei
- Kritik Karls am „tintenklecksenden Säkulum" (S. 17, Z. 16)

Naturbegeisterung, Natur als Gegenwelt
Flucht der Räuberbande in die böhmischen Wälder

Genialität statt normativer Poetik
- Prosa
- keine Ständeklausel, keine Einheit von Ort, Zeit und Handlung
- relativ offene Bauform

Betonung der Individualität?
„Ich will alles um mich her ausrotten, was mich einschränkt" (Franz Moor, S. 17, Z. 8f.). Schrankenlose Selbstverwirklichung wird problematisiert!

Verherrlichung von „Genies" und Kraftmenschen?
Problematisierung der „Genie"-Idee über die Figur des Räubers Moor

Übersicht III: Dramentheoretische Aspekte

Drama „Die Räuber"

Dramentypus
- fünf Akte
- zwei Handlungsstränge
- Einheiten des Ortes, der Zeit und der Handlung nicht eingehalten
- keine Ständeklausel
- Prosa
- kein übergeordneter Sinn

aber: Szenen nicht austauschbar

→ **insgesamt eher offenes Drama**

Überschreiten der Gattungsgrenzen
- epische Elemente (z. B. Berichte Spiegelbergs und Rollers in Szene II, 3, Bericht des alten Moor in Szene IV, 5)
- lyrische Elemente (z. B. Lieder Amalias in den Szenen II, 2 und III, 1, Karls Brutus-Lied in Szene IV, 5, Räuber-Lied in Szene IV,5)
- Massenszenen wie in der Oper und Operette (z. B. Szenen V, 1, II, 3 und V, 2)

Theater als Moralinstanz
- Theater als dritte Gewalt neben Religion und Staat
- Vorführung von Tugenden und Lastern
- sittliche Besserung des Zuschauers
- positive Wirkung auf die Gesellschaft

Übersicht IV: Vergleichsmöglichkeiten mit anderen literarischen Werken

„Die Räuber“

Schillers Dramenkonzeption im Vergleich, z. B.

- mit einem Drama der Aufklärung wie Lessings „Nathan der Weise“
- mit bürgerlichen Trauerspielen wie Lessings „Emilia Galotti“ oder Hebbels „Maria Magdalena“
- mit einem klassischen Drama wie Schillers „Maria Stuart“
- mit einem Drama das epischen Theaters von Brecht wie „Der gute Mensch von Sezuan“

Figurenvergleiche, z. B.

- Karl mit Ferdinand aus Schillers „Kabale und Liebe“, mit Goethes Werther oder mit Harry Haller aus Hesses „Der Steppenwolf“
- Franz mit Vogt Gessler aus Schillers „Wilhelm Tell“, mit Marinelli aus Lessings „Emilia Galotti“ oder mit Fräulein Doktor Mathilde von Zahnd aus Dürrenmatts „Die Physiker“
- Amalia mit Lessings Emilia Galotti oder mit Fontanes Effi Briest
- Spiegelberg mit Mephisto aus Goethes „Faust“ oder mit Grenouille aus Süsskinds „Das Parfum“
- Maximilian Moor mit Vater Briest aus Fontanes „Effi Briest“ oder mit dem Lehrer Can aus Max Frischs „Andorra“

Motivvergleiche, z. B.

- das Motiv des Bruderzwistes in der Bibel (Kain und Abel, Jakob und Esau) und in der antiken Mythologie („Romulus und Remus“)
- das Motiv von Reise und Rückkehr: Eichendorffs „Aus dem Leben eines Taugenichts“
- das Motiv des Vater-Sohn-Konfliktes: Texte von Franz Kafka wie z. B. „Das Urteil“, im übertragenen Sinn Kleists „Prinz von Homburg“, das Gleichnis vom verlorenen Sohn aus der Bibel
- das Motiv der empfindsamen Liebe: Goethes „Die Leiden des jungen Werthers“
- das Motiv der Gerechtigkeit: Kleists „Michael Kohlhaas“, Dürrenmatts „Der Besuch der alten Dame“

Internetadressen

Unter diesen Internetadressen kann man sich zusätzlich informieren:

www.xlibris.de/Autoren/Schiller
(Informationen zur Biografie Schillers und zum Drama „Die Räuber" sowie weiteren Werken)

www.schillersgeburtshaus.de
(Ausstellung in Schillers Geburtshaus in Marbach am Neckar)

www.klassik-stiftung.de
(Homepage der Weimarer Klassikstiftung mit Links zum Museum in Schillers Weimarer Wohnhaus und zum Schiller-Museum in Bauerbach)

www.uni-due.de/einladung/Vorlesungen/literaturge/sturmdrang.htm
(Informationen zum Thema „Sturm und Drang" auf der Homepage der Universität Duisburg)

www.hss.de/uploads/tx_ddceventsbrowser/AMZ-67_Schiller_01.pdf
(Argumente und Materialien zur politischen Dimension von Schillers Werken von der Hanns-Seidel-Stiftung)

www.teachsam.de/deutsch/d_literatur/d_aut/sci/sci_dram/raeuber/sci_raeub_0.htm
(Arbeitsbereich zum Drama auf der Seite von „teachsam" mit vielen guten Materialien)

http://lehrerfortbildung-bw.de/faecher/deutsch/projekte/dramatik/raeuber
(Online-Projekt zum Drama mit Materialien zum Textverständnis, zu Figuren und Motiven, zu den historischen Hintergründen, zur Problematik von „Recht und Gerechtigkeit", zu verschiedenen Inszenierungen)

http://librivox.org/die-rauber-ein-schauspiel-by-friedrich-schiller
(kostenlose Hörspielfassung)

[Stand: 23.07.2012]

Literatur

Textausgabe

Friedrich Schiller: Die Räuber, hrsg. von Johannes Diekhans, erarbeitet, mit Anmerkungen und Materialien versehen von Barbara Schubert-Felmy. Schöningh Verlag, Paderborn [11]2012

Alt, Peter-André: Friedrich Schiller. München [2]2009

Borchmeyer, Dieter: Die Tragödie vom verlorenen Vater, in: Helmut Brandt (Hrsg.): Friedrich Schiller. Angebot und Diskurs. Berlin/Weimar 1987, S. 160–184

Funke, Fritz: Die Liebe als dramaturgisches Motiv in Schillers Dramen. Leipzig 2007

Grave, Christian: Friedrich Schiller. Die Räuber. Erläuterungen und Dokumente. Stuttgart 2009

Hinderer, Walter: Die Räuber, in: Interpretationen Schillers Dramen, hrsg. von Walter Hinderer. Stuttgart 1992, S. 11–67

Hofmann, Michael: Friedrich Schiller. Die Räuber. Oldenbourg Interpretation Band 79. München 1996

Hofmann, Michael: Schillers Räuber und die Pathogenese moderner Subjektivität, in: Klassik modern. Für Norbert Oellers zum 60. Geburtstag. Zeitschrift für deutsche Philologie, Sonderheft, S. 3–15

Karthaus, Ulrich: Sturm und Drang. Epoche – Werke – Wirkung. München 2007

Luserke-Jaqui, Matthias (Hrsg.): Schiller-Handbuch. Leben – Werk – Wirkung. Stuttgart 2005

Safranski, Rüdiger: Schiller oder die Erfindung des Deutschen Idealismus. München [3]2009

Schings, Hans-Jürgen: Schillers »Räuber«: Ein Experiment des Universalhasses, in: Wolfgang Wittkowski (Hrsg.): Friedrich Schiller. Kunst, Humanität und Politik in der späten Aufklärung. Tübingen 1982, S. 1–25

Notizen

Notizen